全方位运营攻略

HACKING GROWTH

增长黑客

杨光◎主编／陈实◎著

民主与建设出版社

·北京·

图书在版编目（CIP）数据

全方位运营攻略 . 6, 增长黑客 / 陈实著 . -- 北京 : 民主与建设出版社 , 2020.9

ISBN 978-7-5139-3156-4

Ⅰ . ①全… Ⅱ . ①陈… Ⅲ . ①电子商务－运营②网络营销 Ⅳ . ① F713.365

中国版本图书馆 CIP 数据核字 (2020) 第 152221 号

增长黑客
ZENG ZHANG HEI KE

丛书主编 杨 光
著 者 陈 实
责任编辑 刘树民
封面设计 喆 人
出版发行 民主与建设出版社有限责任公司
电 话 （010）59417747 59419778
社 址 北京市海淀区西三环中路 10 号望海楼 E 座 7 层
邮 编 100142
印 刷 三河市德利印刷有限公司
版 次 2020 年 9 月第 1 版
印 次 2020 年 9 月第 1 次印刷
开 本 880 毫米 ×1230 毫米 1/32
印 张 6
字 数 120 千字
书 号 ISBN 978-7-5139-3156-4
定 价 198.00 元（全 6 册）

前言 Preface

随着科技的不断发展与进步，商业模式也在不断地进化和升级。近年来，人们越来越发现生意比原来越来越难做，所投入的成本与获得的利润回报之间的比例越来越大。也就是因为如此，一些中小微企业的生存变得越来越艰难，甚至不少难以维持下去，不得不从竞争激烈市场中退下来。

为什么会出现这种情况呢？在很多人看来，就是新技术的出现改变了人们固有的生活方式，从而导致了商业模式的改变。通俗一点的说法，就是以前的那一套规则、玩法已经过时，玩不出效果来了。

在很多人看来，生产技术的飞速提升、信息传播的通道和效率、物流渠道通畅，在家上虚拟网络店铺的出现。丰富的产品，近乎透明的价格，再加上便捷的购物方式，让市场的重心从“企业”转到了“消费者”身上。而如何将生产出来的产品在同类型中脱颖而出，销售出去，就成了企业生死存亡的关键点。

从本质上讲那就是现在企业之间的战争就是抢夺客户之间的战争，演绎为借助于网络大数据为基点的运营大战。

那么，如何在这场战争中获得胜利呢？只要打开网页，或者是点开手机，就能够看到各种各样的方法、技巧的介绍，会有许多的人在分享如何在这种环境中快速地脱颖而出的成功经验，诸如网络直播，网红带货以及各种各样的借助于新技术、新媒体的玩法。

诚然，像这样紧跟时代，可以让我们借助大数据分析，在极端的时间内取得较为不错的销售业绩，获得一定的利润。但是无论采取什么样的手段和方法，商业的最基本的原则并没有发生实质性的变化，而所谓一些方法和技巧，也只不过是借助于新的技术和通道的一种融合。如果把企业的运营看作是一个程序之后，只要我们掌握到了商业运作的基本规律，就等于掌握了源代码，能够一词编写无数的适合于自我企业的程序，让自我的企业在现今竞争激烈，微利，甚至可以说是无利的时代中获得依靠低成本获得利润的无限增长。

因此，在《增长黑客——中小微企业获得爆发式增长的 11 个源代码》这本书中，着重讲述的就是一些商业运营的最为基础的规律，以及结合当下以及以前的企业是如何巧妙地利用这些“源代码”去编写自我利润增长，获得不断地发展与壮大的方法和技巧。

因为，每一个企业都会有着自我的优势和劣势，也就是决定了他人的成功经验和方法并不一定真的就适合你。对他们最重要的可能并不是直接复制的经验与方法，而是思维和意识，即如何将那些成功的经验和方法与自我的企业发生链接，并根据自我的优劣势，编写出属于自我的利润增长程序，实现自我真正的成长。

目录 CONTENTS

01 打造增长黑客团队

02 一切从产品开始

寻找市场发展空间

准备好备用方案

善用集体智慧

09 规避以硬碰硬的竞争

10 善借者赢

11 速度的魅力

01 打造增长黑客团队

在现今竞争激烈且瞬息万变的大时代背景中，企业如何才能得到更好的生存与发展，团队的作用显得愈发重要。事实上，企业只有不断地打破原有商业模式的束缚，打造新型的，符合社会发展趋势的团队，才能突破目前的困局，得到更好的生存与发展，甚至是爆发式的增长。

从一个不争的事实说起

随着网络技术，尤其是互联网技术不断地发展进步，人们的生活习惯与行为也发生了巨大的变化。例如购物，人们不会再像以前那样去实体店，只要有网络存在，打开电脑或者是滑动手机屏幕，输入相应关键词后，就可以得到相关商品的海量信息，包括产品的展示以及价格等等。人们可以足不出户，对所需要购买的同类型产品进行对比，并选择出更适合自我，更优惠价格的一类，在网上通过客户端下载，就能够收到想要的产品。

人们生活的方式和行为的这一转变，给传统的商业模式带来了巨大的冲击，企业要想得到更好的生存与发展，就必须紧跟时代的变化，去满足人们的需求，提供更好更为优质的服务。因为只有客户或者说是用户埋单，企业商家才能获得利润，才能得到不断地发展。

大多数的企业都很清晰地认识到了这一点，也就是因为如此，在我们的身边每天都在上演着各种不同版本，近乎白热化的“客户争夺战”。

为了争夺客户资源，企业可以说是绞尽了脑汁，但凡是能想到的，觉得可能的方法、技巧都有可能会用上。常见的如建微信群、开网课、短视频营销以及直播带货等等。无论采取的是什么样的方式，企业所希望的是将商品或者是服务的相关信息尽可能最快最广泛地传播出去，最终实现变现——把商品或者是服务卖出去，获得相应的利润。

诚然，像这样的操作让不少的企业商家收益，但对于更多的企业，尤其是中小微企业来说实际情形并非如看到的那般风光。原因在于，他们为之所付出的成本与回报不成正比，甚至出现倒挂的现象。说得不好听，就是在“赔钱赚吆喝”。试想一下，它们都难以获得相应的利润，又凭借什么去发展壮大呢？

然而，让大多数企业商家感到为难的是，它们明明知道像这样做存在风险，但是又不得不如此。因为，处在现今的时代，无论企业的规模大小，也不管处在何种行业，大家都是这么运作的，并且其中还不缺乏成功的典范。倘若自己不这么玩，不就是比竞争对手少了一些竞争优势吗？还有的是，不是有人成功了吗，为什么我不能呢。

没错，随着社会的进步与发展，企业的经营思路，方法以及策略应该转变。但是，这种变并非是盲目地跟风，而应该是紧跟时代发展趋势，把握住时代的特点，并从企业本身出发，通过有效的技术手段以及方法策略，将本身内在优势同外界社会发展特点相互结合的一种进化。否则，带给企业的不但不会是进一步发展的良机，反而会将企业拖进难以自拔的陷阱。

有这么一家图书出版公司，所出版的主要为生活健康类的书籍。随着网络技术的不断成熟以及自媒体的出现，使得其编辑出版图书的销路受到了很大的冲击，除了购买者急剧萎缩之外，其利润空间也变得越来越小。该公司的老板陈先生（化名）为此感到忧心忡忡，并急切地想寻找到好的办法摆脱此困境，因为他很清楚，如果不需求改变，再这样继续下去，就可能会因为无法获取相应的利润而关门大吉。

在对图书市场进行了一番的深入了解，以及与同行业的人士讨论之后，陈先生得出了自我的一个结论，那就是生活健康类的图书的读者被互联网分去了一大部分，并觉得在新媒体的冲击下，传统的图书，尤其是成人图书的受众将会越来越小，如果想要在图书出版界获得生存与发展的机会，就必须趁早把出版方向的重点转移到图书上。图书出版行业的行业报告数据也告诉了他这一点。

于是，陈先生在思考良久后作出了一个决定：在完成手头上正在进行的生活健康类书籍之后，开始编辑出版童书。他还会自己设置了一个目标，那就是国内有名的童书品牌公司 ×× 兔。为此，他还给公司的骨干力量下达了相关的任务，即研究分析一些图书公司的畅销产品，以及打听和分析那些公司的销售渠道以及是如何运营的。陈先生相信只要公司的人齐心协力，劲儿往一处使，用不了多久，公司就会华丽地转身，一改目前的困境。

“理想很丰满，现实很骨感”，虽然陈先生的决心很大，公司的成员也很是努力地按照陈先生的计划安排执行，但结果却完全出乎他们的意料，其主要表现在于以下几个方面：

（1）所编辑的童书，虽然策划意图很好，但是无论是从文字还是插画来说，都很难跟书的气质匹配，行文风格，版式怎么看都还有原来生活健康书的痕迹，以至于不停地修缮，一本书从组稿到最终定稿拉的时间过长。

（2）指派专人负责想要通过微信公众号、音频以及视频等打造自我 IP，虽然花费的大量的人力、财力，但效果甚微，甚至可以说是惨败。每天所发出的微信文章，点击量不超过三位数；音频和视频的点击量也是如此。

（3）当他们好不容易将准备出版的童书打样出来后，跟销售平台洽谈合作，而对方却并不怎么感兴趣。

最后，陈先生心虽有所不甘，但不得及时止损，选择了放弃，继续做生活健康类书籍，苦苦地支撑着公司的运营。

现实中，类似与陈先生一样的企业不在少数，他们虽然敏锐地意识到了社会发展所带来的危机，也急切地想要寻求改变。而他们在寻求改变的道路上，采取的也是符合社会发展趋势的方法，但是，为什么还是以惨败告终呢?

其实，根本性的原因便是在于，他们并没有对真正地认识到现今时代的特质，没能因此打造出符合目前形势所需要的团队。

不专业，就死定了

一说到团队，不少人的脑海中所蹦出的，可能就是“一群有着共同的理想和目标，并为之奋斗的人”。没错，我们所需要的团队成员是需要有一个整体目标的，但，在这儿要说的是，在现今竞争激烈的大时代背景中，企业要想得到更好的生存与发展，我们的团队成员还应该是专业的。

这里所说的“专业”，除了职业精神外，还包括业务技能。可以毫不夸张地说，一个仅仅只是有着整体目标的团队，哪怕团队中的成员再怎么尽心尽力，如果不够“专业”，就无法在现今竞争激烈的大时代背景中得以良好的生存与发展，所谓的业务以及利润的增长，势必会成为一句空话。

上一节所说的陈先生公司的事，在经过了一番的努力后未能取得所想要的结果，其中最主要的一个原因，不恰恰就是因为他的团队不够专业吗？

就拿编辑队伍来看，他们的编辑以前是做生活健康类书籍的。相对于生活健康类的书籍来说，他们是专业的。而编辑出版童书，虽然也属于图书出版，但是因为其读者对象的不同，其接受程度以及审美的取向不同，对这个以习惯于生活健康类图书的编辑队伍来说，是一个较为陌生的领域，让他们来操作就显得不怎么“专业”了。也就是因为如此，他们制作出来的产品，跟同类型产品相比就存在一定的差距，很难从内容、品质上去超越竞争对手。试想一下，又怎么会有好的销路呢？

更为重要的是，与专业做童书的编辑相比，他们所花费的时间精力以及财物会更多，即便有一定的销路，扣除所投入的成本外，所获得的利润微薄，甚至会出现倒挂。像这样，企业能得到较好的生存与发展吗？

团队的不专业除了增加制作成本，导致可获得利润点降低外，还有一点，那就是有可能错过良好的销售时机，让原本可能很好的销售量剧减，让原本可能的畅销品变成滞销品。现实中类似这样的案例不在少数，不少企业就是因此错过了最佳的销售期，直接影响到销售量，给自身发展带来了阻碍。

对任何企业来说，要想得到更好的生存与发展，就必须不断地强化自我的获利能力，有效地降低成本并增长利润空间。那么，如何才能做到这一点呢？从上述的内容中我们得到了一个答案，那就是打造专业性的团队，让自我的团队变得更加专业。

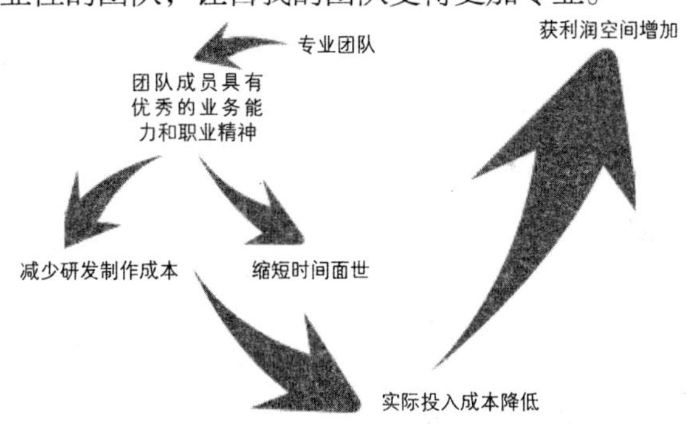

关于这一点，在今天变得越来越重要。因为，只有当团队足够的专业，才能有效地降低成本。同样，只有团队足够的专业，才能在瞬息万变的市场环境中做出足够快的反应，把商品的信息尽快尽可能能传递到所有有需求的客户那儿，并根据客户的反馈，让商品最大限度地满足客户的需求。

在我们身边，有许多许多企业正是因为专业成就了自己。如京东就是依靠的专业选品、物流配送以及客户服务团队成就了自己。我们同样看到了不少企业也正是因为自己某一方面的不专业而惨淡经营。

如果我们转换一下角度，从消费者、客户的角度去看，就可以更进一步了解到团队专业的重要性。就拿常见的网上购物为例，你要买一双鞋子。当你打开网页，输入所需要的关键词之后，就会出现很多符合你要求的鞋子供你选择。此时，我们大多人关注的是价格、销售量、相关评论以及产品的展示，并且多数情况下会进行一番比较才会确定下单。接着就是等待物流将鞋子送到手中，当收到的鞋子与你自己所期望不符或者是出现小码、其他瑕疵的话就会跟对方的客服联系，商讨处理的方案。

在这一购物过程中，任何一个环节做得不够专业，都会给整个的销售带来影响。如团队中没有专业的运营，就难以提炼出搜索的关键词，其所出售的鞋子就很难进入我们的选择范畴；销售数据少，几乎没有评论，即便是有几条评论还是差评，我们也不会点击打开产品的详情展示页；在打开产品的详情展示页后，如果不够美观，没能将产品的优点呈现，我们也会选择放弃；下单后，等了 N 天才迟迟收到鞋子，我们心里就难免会有点小芥蒂。在收到鞋子后，发现与商品不符，或者是存在其他的问题，与客服沟通，对方处理的不够专业，未能消除我们心中的不满，其结果或者就是退货了。

说到这儿，相信你已经知道组建一支专业团队的重要性了吧。而在今天，企业要想在竞争激烈的市场环境中得到更好的生存，别无他法，就必须要做到比别人更为专业，才能给予消费者、客户最为优质的体验，撬动利润增长的杠杆。

到底需要什么样的团队

诚然，组建打造一支专业性的团队，团队的成员利用其专业的知识和性能，相互配合，能够让企业在激烈的竞争中获得竞争优势，打破原有的利润空间，获得快速的增长。

那么，如何才能打造一支这样的团队呢？

作为企业的实际操盘手者，一定要问自己的一个问题，那就是自己需要的是什么样的一支团队。说的更为简单一些，就是团队需要的是什么样的成员。

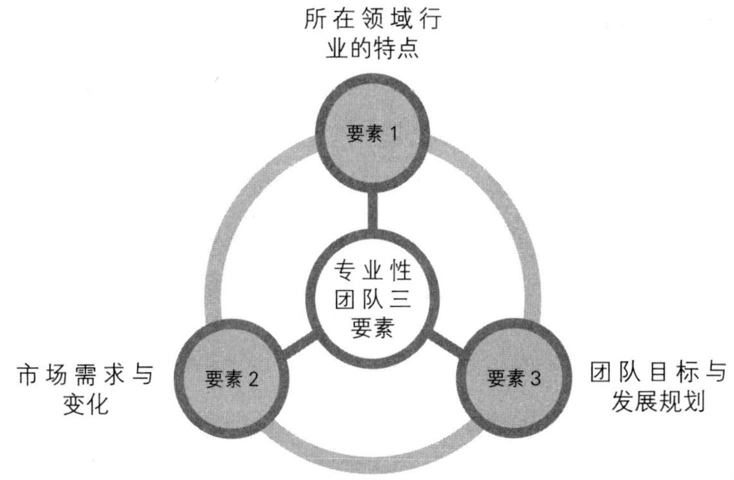

以上就是企业的实际操盘手在组建团队之前所需要考虑的三个要素。

要素一：所在领域行业的特点

这是每一个企业的实际操盘手者，在组建团队的时候必须要考虑清楚的。认识所在领域行业的特点，说得直接一点就是发现其盈利点，获取企业生存与发展必需的利润的过程。当我们的企业商家对此有着清晰的认知后，就能够初步确定自己的团队需要的是一个什么样的人才。

要素二：市场需求与变化

我们都知道世界在不断地发展进步，规则也在不停地改变。企业虽然对所在的领域行业的特点有较为清晰的认知，知道自己的盈利点在哪儿，需要的是什么样的人。但是，如果忽略的市场的需求与变化，不能够跟得上时代发展的脚步，即便找到的是符合该领域行业的专业人才，所生产的产品，提供的服务再好，同样也难以获得客观的利润。

因为无论你生产的产品、提供的服务再怎么好，只有消费者买单，才能带来利润。而市场的需求与变化，反映的则是消费者的需求和购买心理。企业忽略了市场需求与变化，则恰恰就是忽略了消费者的心理和需求，难以与消费者产生良性的互动，又怎么能够产生利润呢?

而当我们在知道了领域行业的特点，知晓了市场需求与变化之后，不等于对自己要建立一支什么样团队的标准更为明确了吗？同样，是不是也缩小了寻找合适的团队成员的范围呢？

要素三：团队目标与发展规划

团队目标是企业、团队的发展方向；发展规划则是团队目标的实施方法和步骤。对于这一问题有了明确的答案后，企业在组建团队的时候，不仅仅知道目前需要的是什么样的人才，同样知道让团队的成员朝着什么样的方向努力，让团队变得更为强大、专业，从而得到持续不断地增长。

许多企业知道专业性团队的作用，也希望能够拥有一支专业化的团队，并且将许多优秀的人才招募到自我的团队之中，可是为什么却难以发挥出应有的效果，帮助企业、团队实现业绩的增长，让企业、团队获得更好的生存与发展。其中有一个较为主要的原因，就是在于忽略了以上的三要素。事实上，只有企业对上面的三要素了解的足够清晰，才能知道什么样的人才是最适合于自我的，找到适合的人选，并进行合理的分工，将团队中的每一个成员的力量最大化地发挥出来，创造出更大的利润。

因为受到网络渠道的冲击，张先生的休闲食品加工厂的生意越来越难做。在看到身边不少的同行开网店、微店以及通过视频直播带货干得红红火火的，他便想着自己是不是也改变一下原有的思路，拓展一下销售渠道。那么，如何才能实现这一目的呢？他团队所欠缺的是一个网络运营方面的专业人才。于是，他就在招聘网上发布了高薪招聘信息，并且让朋友介绍这一方面的高手。在经过一段时间的约见、面谈后，他相中一位姓高的年轻人。据这位高先生自我介绍，他一直以来就做网店的销售运营工作，有着较为丰富的经验，知道如何去利用技术手段去提升产品的知名度，拓宽销售渠道，让销售业绩在短时间内得到快速地增长。在面试的时候，他还跟张先生分享了自己所操作的成功案例。张先生听得热血沸腾，当场就决定录用了这位年轻人。

这位高姓年轻人有着较强的执行力，在正式上岗没有多久，便撰写出了一份看起来详实可行的运营操作方案，甚至方案中列出了一些具体的操作方法，如开通直通车、参加活动、团购等等。没错，这份方案很专业，按照这一方案去执行，似乎能够让张先生摆脱目前所面临的困境，但是他却忽略了一点，即张先生的企业在这之前对网路销售运营没有任何的经验，团队中也没有相关的人才与资源予以很好的配合。

说得不好听，高先生虽然有能力，所作的方案也足够的专业，但对张先生的企业来说是很难实施到位的。倘若真的要实施，就必须重新招募人才。如，打造这样的团队势必要投入相应的成本，但也不一定能获得成功。也就是因为如此，张先生在实行了一段时间后，就果断停止了。

一支团队是不是优秀，是不是专业，并不是其中的一两个成员优秀、专业能决定的，而是在于团队成员的整体素质，需要的是协助、配合。否则，给团队的发展带来的可能不是助力，而是阻力。

而要想打破这一僵局，作为企业的实际操盘手，在组建、打造团队的时候，就要综合的考虑到上面的三个要素，做到因事设人，而不是因人设职，觉得对方能力出众放弃了是一种损失，而是因该看对方的能力是不是自己的团队所需要的。

说了这么多，相信你已经知道了自己要组建的是一支什么样的团队，并且需要的到底是什么样的人才了吧！事实上，当对上述的三个要素有了足够的了解，就可以把团队中不同成员的要求和标注清晰地写出来，按着这些条件去寻找就可以了。

推送数量≠客户的数量

无论是生产出来的产品，还是提供的服务，只有产生了消费购买，才能产生实际的利润。随着科学技术以及生产力的不断发展和进步，摆在企业面前的一个难题，并不是生产不出来足够好的产品，或者是提供给消费者更为优质的服务，而是怎么把产品、服务销售出去。

“我不是做不出来，而是谁来买单啊！”在跟一些企业主和商家闲聊时，总会听到他们发出类似的抱怨。而也就是因为如此，越来越多的企业越来越注重销售运营，在打造团队的过程中，往往把销售运营作为重点。在他们看来，要想把产品、服务变现，转化为利润，就必须通过有效的途径将相关的信息传播出去，引起人们的关注。

我们在打开网页或者是手机中的某个App时，便会有不少的产品信息以及相关的活动弹跳出来，就像是电脑或者是手机设备中了病毒一般。像这种宛如病毒般的宣传推广就有了一个比较形象的名字——病毒式广告传播。不仅仅如此，就连一些微信、微博上的文章，都会或多或少地植入相关的信息内容，在不露声色地把人们往产品、服务上引导。可以这么说，现今的人们生活在种种纯商业的或者是商业的广告宣传推广的信息包围之中。

诚然，这种铺天盖地、无孔不入的宣传推广方式将产品或者是活动的信息推送到了人们的面前，也为企业带来了一定的销量。但是，这里要说的是，像这样的泛宣传推广，是高成本低收益的一种宣传推广方式，所能获得的成功只是一种概率上的成功，难以有效地促进企业的利润增长。

我们的企业都很清楚上面的这一公式，即便明知道像这样的宣传推广效果甚微，但依然不得不为之。因为，在网络技术极其发达的今天，已经不是原来的“酒香不怕巷子深”的时代。人们在购买任何的一种商品时，可供选择的有很多很多，倘若不通过有效的方式将相关的信息尽可能最大限度的传播出去，又有谁知道你的商品或者提供的服务呢？他们连听都没有听说过，又怎么会产生消费购买？所以，在现实中不少的企业商家为了生存与发展不得不这么去做。

也就是因为如此，一些企业在产品或者服务的宣传推广上，采取的传播范围越广越好的策略。按照常理来说，像这样传播的范围越广所能获得客源的数量也就越多。但真的像他们所认为的那样吗？

并非如此！

有一家教育培训机构，研发出了一套高清、传输率极高，并且能够随时互动的网络教学辅导作业的产品。那么，怎样才能打开这一产品的市场销路呢。为了给产品制造影响力，于是该机构的操盘手就让团队中的成员在今日头条，或者是其他的一些平台上发布各种各样的软文；不仅如此，他还通过自媒体，用图文、音频或者是视频的方式，通过相关的平台进行扩散，总之，只要他能够想到的就会让团队的成员去做。可惜的是，他花费了大量的人力和财力，在各种平台上做了不同形式的软、硬推广，但是打电话进来咨询的人少之又少，就更别说产生多少订单了。

当出现这种结果时，整个团队的成员都变得意志消沉起来，甚至有的人认为这种产品再怎么去宣传推广也难以销售出去。直到有一天，该团队的一名成员前往学校去接孩子放学，跟一位认识的家长说到该款产品，才发现到了问题，即他们的这种如同蜻蜓点水般的泛宣传推广，既没有锁定目标客户群体，所传递内容也没有将其特色展现出来。

他们的这种宣传推广，仅仅只是将这一信息扩散出去，是为了宣传推广而宣传推广。或许，从某种程度上来说，他们获取了庞大的客户数量（确切地说，是将相关的信息推送到了一个庞大的基数群），但是接受信息的人可能没有点击浏览，又怎能转化成为客户，并产生消费购买呢？

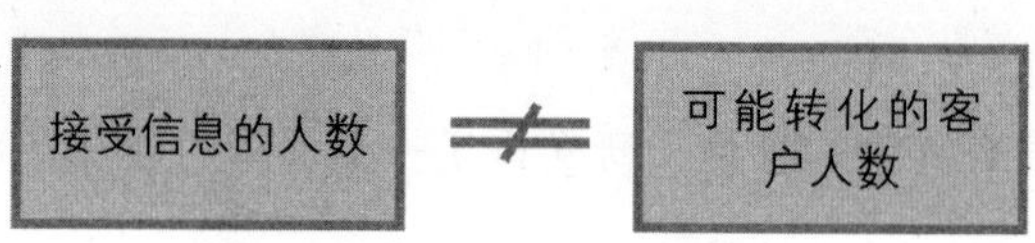

作为企业的实际操盘手你必须要认识到这一点，同样对于一个专业的团队来说，要做的并不是把宣传推广类的信息的传播涵盖范围越广越好，而是想尽办法尽可能地将接受信息的人转化为意向客户，并采取有效的方式让他们产生消费购买的真正客户。

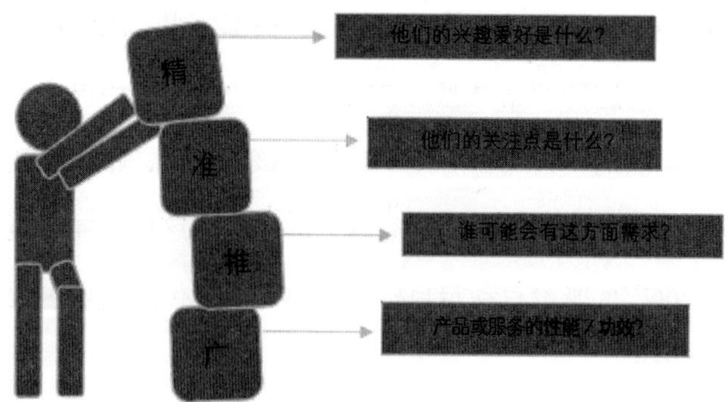

那么，企业如何才能做到这一点呢？

简单地说，就是要做到“精准”两个字，即就是要做到目标客户群体精准，传播信息的内容精准。在实际的操作过程中，为了提成宣传推广的效果，团队的成员应该从下面的四个方面考虑。

我们可以通过大数据以及对市场的观察分析得到自己想要的答案，从具有正对行地制作出宣传推广的内容，并通过合适的平台推送到有需求的目标人群。唯有如此，我们才能跟有需求的人群产生有效的链接，进而有可能将他们转化成为客户，让他们产生消费购买，实现利润的增长，将事业做得更大更强。

这一切，却需要借助于团队的专业操作来实现。

02

一切从产品开始

对任何的企业商家来说，无论营销的手段有多么的新鲜高明，如果产品、服务不能够满足人们的某种需求，解决某一方面的问题，消费者不可能会买单的。“顾客购买的不是钻头，而是墙上的洞”，美国营销大师菲利普·科特勒就曾经说过这样的一句话。

产品才是利润增长的真正基点

曾经有一位土财主，他很有钱。有一次，他到隔壁村里面去游玩时，看到了一栋十分精美的两层楼阁，十分羡慕，便决定自己要造一座。他匆匆地赶回家，让人把当地有名的工匠都找来了。

“你们知道邻村的那栋漂亮的两层小楼吗？”他问那些工匠。

工匠们都回答说知道。

让这位土财主欣喜不已的是，那栋他十分羡慕的小楼阁就是其中的几位工匠设计制造的。于是，他就让工匠们造一栋比那栋小楼还要漂亮的楼，花多少钱都可以。工匠们听后十分高兴，但是土财主接下来提出的要求却让他们无语了。

土财主的要求是不需要第一层，他觉得第一层没什么作用，要工匠们从第二层开始盖起。

这就是阁楼的故事，这个成语我们都很熟悉。我们都觉得故事中的土财主十分的愚蠢可笑，因为只要稍微有一点常识的人都知道，建房子是要一层层地建的，没有第一层作为基础、依托，又怎么能盖第二层呢?

为什么要说起这个故事呢？其原因在于，不少企业商家在追逐利润，渴望获得利润增长之时，因为种种的原因犯了类似于那位土财主一样的常识性错误，即过分地追求营销方式、手段，而对产品有所忽略。例如在图书出版界常常会听到的一句话："做书的不如卖书的"。什么意思？就是说做书的企业远远没有卖书的人赚的多。这不仅仅是图书出版界独有的现象，现今的各行各业均是如此。这正是因为如此，不少企业商家便将公司的业务重点放在了销售上，采取各种手段去获取客户、刺激人们购买消费。

那么，他们的这种方式是不是真的就得到企业商家所想要的结果呢？他们之中有不少做得相当不错，获得了成功，但大部分却只是成为这场热闹非凡，看起来红红火火的商业游戏的背景。

这并不是说销售运营手段不重要，而是应该记住所有的销售和运营都是建立在产品这一基础上的。事实上，那些成功的企业，无论是自我生产销售，还是专门销售，他们都是产品开始的。

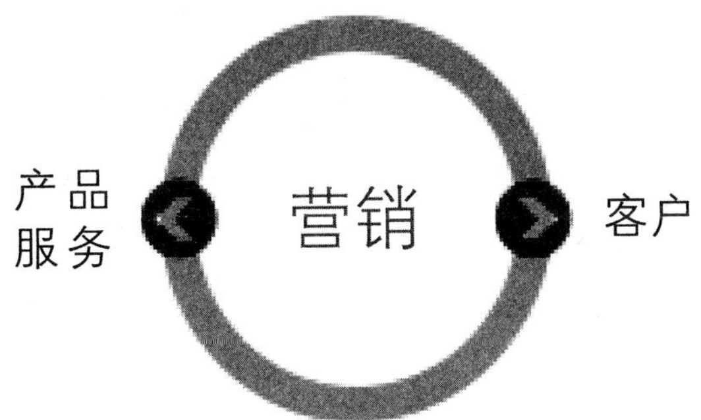

对任何的企业商家来说，无论营销手段有多么新鲜高明，如果产品、服务不能够满足人们的某种需求，解决某一问题，消费者可能不会买单的。"顾客购买的不是钻头，而是墙上的洞"，美国营销大师菲利普科特勒就曾经说过这样的一句话。

这也就是说，销售的实质，其实就是通过某种途径或者是方式，将产品、服务与人们连接起来，去刺激引爆人们的需求，并产生购买。这也告诉了我们，要想实现爆发式的增长，就必须在产品上下功夫，而所有与营销相关的内容，皆是以产品或者服务扩散的。

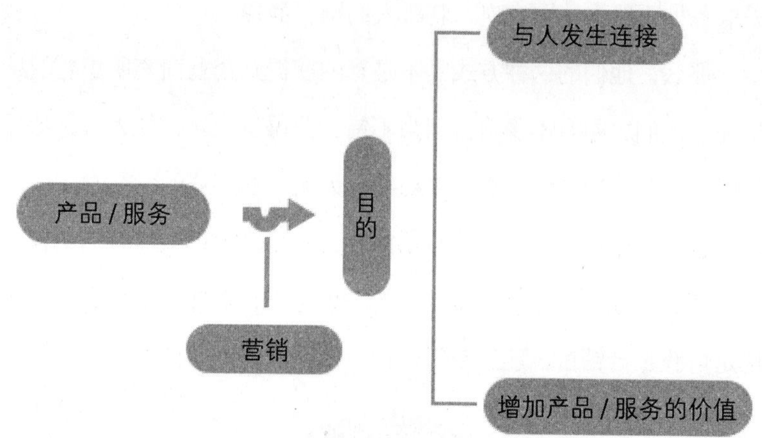

现实中，诸多的企业，他们的营销的创意文案虽说不错，有不少可取的好点子，却未能达到预期的销售效果，或者是转瞬间从销售的高峰跌倒深不可见的低谷，很大的一部分原因就在于此。

张先生是某鞋厂的老板，因为受到互联网的冲击，生意变得越来越难做，库房内积压了许多许多没能卖出去的鞋子。如果再这样下去，他可能只有选择关门大吉了。就在他一直苦苦思索着该怎么样解决这一问题的时候，一位做电商的朋友来拜访他。当得知张先生的困境后，这位做电商的朋友便提议让张先生开辟网络销售渠道，并告诉他现在许多的企业就是因为网络渠道而起死回生的。

其实不用朋友多说，张先生也知道网络销售的重要，但是具体该怎么做呢？他的这位朋友就跟他分享了一些自己做电商的经验，并且告诉他最重要的是如何引起人们的关注，吸引人们的眼球。

张先生听后觉得受益匪浅，于是便着手开始建立自己的网络销售渠道了。为了能够吸引客户，他和团队成员绞尽脑汁，最后在借鉴了网上的一些成功引流导购的方式，大开脑洞，拍了一段极其具有创意的视频：

一个人拿一把剪子去剪鞋子，怎么剪都剪不破。于是，那个人又找来一张薄铁片，却很轻松地剪开了。接着，那个人一只手拿着剪不破的鞋子，一只手拿着被剪开的铁皮，放在眼前看了看，然后很是有气势地往地上一扔，转身离去。

张先生和团队成员对这一宣传导购视频十分满意，在网上发布之后，充满希望地等待着有人下单。可是，让他们感到意外的是，该视频的点击率虽然很高，却没有转化一个订单。在这之后，张先生和他的团队又拍摄了几个类似的导购短视频放在了网上，可结果与前面的那个短视频相同。

为什么会这样呢？说白了，就是张先生他们没有能够做到从产品本身出发，以至于虽然创意很好，观赏性也不错，但是他们的目的是要用视频吸引客户流量，并把鞋子卖出去啊。点击量再高，一双鞋都卖不出去又有什么用呢？

从市场信息分析中找准切入点

如果说企业是一棵树，那么市场就是土壤，而市场信息，则是反映这块“土壤”的一些基本情况。它直接告诉了我们，这块“土壤”在什么时候适合什么样的“种子”生长。说得更为简单一些，就是选择生产销售什么样的产品。

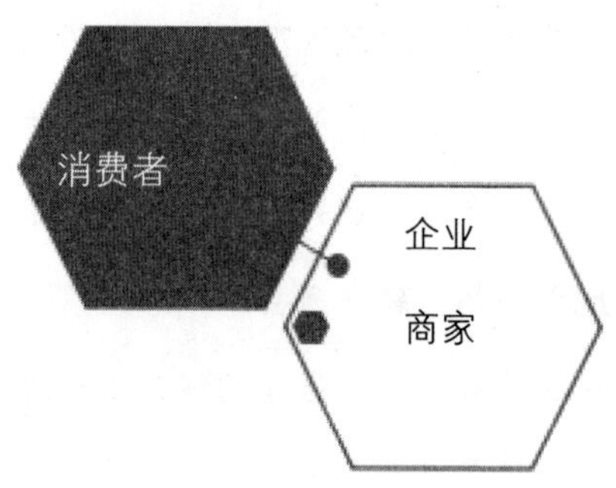

市场是由消费者和企业商家所组成的。而市场信息反映的不仅仅是消费者的需求，还有消费行为模式以及习惯等信息；反映的也是同类型企业产品以及服务方面的信息，以及他们采用的宣传推广以及促销手段等一系列的信息。

在市场信息多变的今天，作为企业的实际操盘手，要想获得更多的利润，做大做强，就必须积极主动去了解市场，了解到必要的信息，才能寻找到适合于自我企业生存与发展的空间。因为只有我们对市场信息有了足够多的了解之后，才能知道人们需要的到底是什么样的产品、什么样的服务。从而让自我的产品、服务锁定的目标人群更为精准，还为以后的宣传推广，打动销售渠道打下坚实的基础。

大多数荷兰人都喜欢用色拉调料拌的莴苣，据估计约有82%的荷兰人吃莴苣时佐以色拉调料。色拉调料是荷兰食品工业公司的主要产品之一。这个公司十分注意信息的收集、储存和分析利润，以此为依据，不断改进色拉的配料、色调和经营决策，从而使生产的色拉调料深受妇女们的欢迎，获得了很好的经济效益。

荷兰食品工业公司每隔两年就要进行一次家庭妇女的爱好与习惯调查，广泛征求意见，曾经有一次，公司询问家庭主妇如何调莴苣菜，都放什么作料。调查结果表明：大多数家庭主妇们在拌莴苣时不仅放色拉调料，还要加盐、胡椒、鸡蛋、洋葱、小黄瓜等调味品。由此，公司想到如果把这些调味品都放进色拉调料中，将会给家庭主妇们带来很大的方便，而公司也就由此得到自己苦心探寻的重要产品。同年，公司实验室开始配制新的色拉调料，加进家庭主妇们习惯加入的那些调味品。

公司将这些新的色拉调料投放市场，并对家庭主妇进行调查。但是，家庭主妇们对这个新色拉调料的综合估价却使公司大失所望。只有20%的人认为它非常好。11%的人不喜欢它，另外69%的人觉得它有好的方面也有缺点。80%的人不喜欢的主要原因是认为它太稀，浓度不够，一倒出来就滑到碗底去了，想用它来点缀色拉很困难，而且由于浓度过稀，一次要倒许多，不太经济。另外，很多主妇觉得它味道太酸，还有人认为味道太强烈。

当公司向这些主妇们询问应如何改变配料时，大多数主妇的意见是最好多加点洋葱。公司还问这些主妇们是喜欢公司的老产品还是新产品，主妇们除了觉得太稀一点之外，还是比较喜欢这个新产品。60%的人说如果在商店能买到这种色拉调料的话，那就更好了。

公司在对产品做了必要的改进后，即推出销售。结果表明人们都非常喜爱这项新产品。这个畅销的新产品就这样问世了，竞争对手们要想复制它需要花费相当长的时间。

可以这么说，一个企业能否做大做强跟该企业的经营管理者对市场信息的了解、把握程度有着直接的关系。上面叙述的虽然是一个较为陈旧的案例，表面上看起来似乎有些跟现今的时代脱节。但有一点需要注意的是，无论时代如何的变化，而消费者之所以会购买产品的基本需求没有改变，改变的只是一种购买的习惯和行为方式。人们去实体店，网店上购买某件产品都会符合一个基本的要求：就是当下或者是将来可能会帮助他们解决某一问题，或者是满足他们的某种需求。不能达到这一基本要求，即便价格再低廉，也难以引起人们的购买欲望，并产生实际购买的。

那么，企业的实际操盘手该怎样去了解信息、把握信息呢?

（1）做好调查工作

市场调查是信息搜集的重要途径，虽说是一个琐碎的过程，但是却提供了相关的、准确的、可靠的、有效的信息，为经营管理者从竞争激烈，变幻莫测的市场环境中寻找到有利于市场生存与发展提供了参考依据。事实证明，在这个信息时代，无论企业规模是大还是小，只有对市场的信息有了足够的了解，才能寻找到生存与发展的空间，继而做大做强。

（2）学会沟通与交流

松下幸之助最大的成功秘诀之一，就是他从不拒绝与任何人交谈。他的员工、他的朋友，甚至素不相识的路人，他从不放弃机会和他们“聊几句”。既显得他平易近人，没有架子，又显得他和善仁慈，关心疾苦。其实，他在做廉价而正确的信息收集工作。他说，我的许多改进的构想和新鲜的主意，都是在与人交谈中“谈来的”。

美国联合航空公司的总裁卡尔森，使联航起死回生的妙诀，就是不坐在办公大楼楼顶的大办公室里“办公”，而是常常一有空就随便搭着航班，一边飞，一边和服务员“随便谈谈”，和乘客“随便谈谈”。于是他把医治联航致命伤的灵丹妙药都“谈”到手了。另一边就拼命改。不到一年，联航就一跃而居全国第一，声望至今不衰。

人们通常把思维敏捷、见多识广的人叫做“聪明人”。“聪明”这个词本来的含义却是指“耳聪目明”，“聪”是指耳朵听得清，“明”是指眼睛看得见，聪明在于耳朵听到的信息多，眼睛见到的信息多。一个聪明的决策者，他的头脑灵、反应快、主意多，所以他有迅速而又正确的理解和决策问题的能力。

领导者必须懂得运用沟通的方法，保证来自同事和下级的最大限度的合作。拒绝沟通，也就意味着拒绝接受信息。索尼创始人——盛田昭夫就是在与员工的非正式沟通中激发获得信息的，如在一次与中下级主管共进晚餐时发现一位小伙子心神不宁，于是鼓励他说出心中的话来，几杯酒下肚后，小伙子诉说了公司人力资源管理中存在的诸多问题，盛田昭夫听后马上在企业内部进行了相应的改革，使企业的人力资源管理步入良性轨道。

（3）挖掘到自己想要的信息

信息就跟空气一样，无处没有又无处不在。在实际中，不是缺少信息，而是缺少发现信息的一双“火眼金睛”。任何时候，决策者都须利用自己敏感的神经，不放过每一个可能有用的信息，哪怕是一点一滴的事，一次交谈，甚至一堆垃圾，只要留心观察，都可能挖掘到自己要寻找的信息。

千万不要把质量不当回事

无论是在以前，还是今天，企业和商家要想获得利润的增长，在竞争日趋激烈的市场环境中得到更好的生存与发展，其基准点还在于产品与服务的质量。无论你有多么好的点子，也不管你的渠道、平台有多么好，一旦忽略了产品和服务，虽有可能在短时间内取得一定的经济效益，但终究是昙花一现，难以长久。

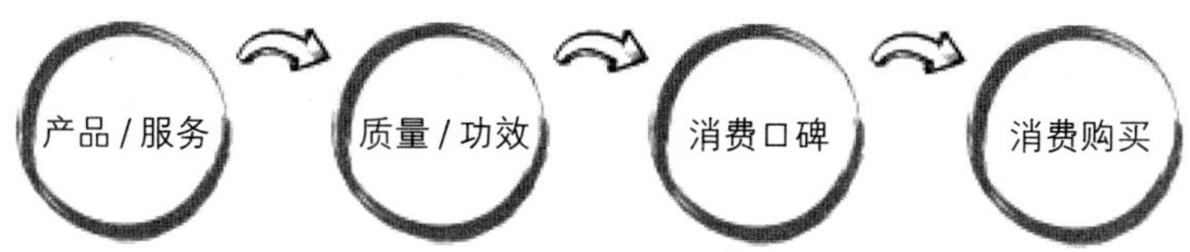

因为产品、服务的质量直接决定了消费者的口碑，最终影响到企业在消费者心目中的形象地位。说得更简单一些，就是无论企业做的宣传推广有多么好，促销活动多么的诱人，倘若产品或者是服务出现了问题，让消费者不满意，依然是难以真正地获得利润增长的。

关于这一点，我们从淘宝上的一些商家就可以看得出来。相信我们很多的人有过这样的体验，那就是在淘宝的店铺中购买了一款产品后，对方可能会跟你联系希望要一个好评；你收货后觉得不满意给了对方一个差评，对方的客服会主动跟你联系，希望你能把差评删掉。他们为什么这么做呢？不就是为了在消费者那儿留下一个好的口碑，从而引流，让更多的人发生购买吗？

产品是企业的核心，产品质量的好坏是公司声誉好坏的关键，而公司声誉的好坏又关系公司的发展乃至市场空间的扩大。这是每一家企业必须牢记在心的话，同样是获得利润增长的不破真理。

好产品可以抬高企业身价，帮助企业取得成功，反之，只能落得无人理睬的下场。所以，任何一个企业要想可持续发展，就必须拥有高质量的产品。

在激烈的市场竞争中，我们不难发现，大凡成功的企业，无不是重视产品质量、坚信质量才是硬道理的企业。任何的时候都不会过时。无论是在互联网还未兴起的工业时代，还是网络技术高度发展的今天，都是如此。拿现今我们熟悉的一些成功的企业商家来说，他们的成功何尝又不是建立在注重产品、服务的质量上的呢？

例如，在企业创办初期，蒙牛在产品设计上，高屋建瓴，以优服务、高品质为宗旨服务于消费者，并以此赢得消费者这张决定企业胜负的选票，也正是因为这一宗旨，使蒙牛战胜了其他竞争对手。一场砸冰箱的事件，张瑞敏砸服了海尔所有的人，而且为海尔树立了重质量的形象。他这一锤砸出了海尔人的质量意识，还砸出了一种崭新的观念——有缺陷的产品就是废品，从此，质量意识结结实实地印在海尔人的心中。

接下来，我们就一同来看看蒙牛时如何严格控制产品的质量，去撬动市场，撬动利润的杠杆，一步步做大做强的。

蒙牛在产品质量上采取的是“一净一稠”措施。“一净”，顾名思义，强调产品卫生程度。蒙牛认为，只有生产干净卫生的奶才对得起广大消费者，才能赢得消费者的信赖，才能让企业持续发展。因此，他们采取了一项足以载入中国乳业发展史的创举：建起了中国第一个奶车桑拿浴车间。简单来说，就是为奶罐车消毒，这种消毒方式可以保证牛奶新鲜卫生，生产出的产品既卫生又新鲜。它的消毒流程是：奶罐车每从奶源基地向工厂送完一次奶，都要经过三次消毒，首先用酸洗一遍，再用碱洗一遍，最后使用开水及蒸气再洗一遍，车里车外，车前车后每个角落里都不能落下。这样一来，就杜绝了陈奶残留物污染新奶的可能，保证了产品的质量。

出于对产品负责，对消费者负责，蒙牛坚持引进国际上的消毒技术，虽然创业初期的蒙牛资金实力不是十分雄厚，建厂已经花费了一部分资金，再建“奶车桑拿浴车间”更是显然是捉襟见肘。

为此，公司内部成员为此事着实争论了一番。许多人持反对的意见，他们算了一笔细账。不算建车间花的钱，每年仅花在洗车上的钱，就多达三四百万，更何况也没有必要将大部分资金投在这上，因为目前国内没有一家乳品厂这样做。

牛根生听完反对意见后，断然答道：我们要建的是“百年老店”，而建“百年老店”的大规律，不能看国内，而要看国际。既然国际巨头有这个“奶车桑拿”，那我们蒙牛就不能没有，否则，我们怎么能走到别人的前面？

后来，在众多反对意见下，“奶车桑拿浴车间”建立了起来，而且在蒙牛发展过程中立下了汗马功劳，不但得到了消费者的认可，还为公司树立了坚不可摧的信誉，继而在众多竞争对手中脱颖而出。

至于“一稠”，蒙牛坚持精益求精的方法，他们采用的是“减法”，添加了“闪蒸”工艺，并在纯牛奶的基础上又除掉一定比例的水分，从而使牛奶达到了更纯的效果，牛奶香味更浓。

在“一净一稠”的措施下，不难看出蒙牛对产品质量的严格要求程度，虽然提高了不少成本，降低了一些利润，但却赢得了广大消费者的支持，获得了良好的信誉，为实现“百年老店”打下了坚实的基础。

产品质量，是每一个发展中的企业所要面临的问题，更是在互联网科技迅猛发展，人们的消费行为、习惯，以及消费的渠道、平台变得日趋多样化时更需要注意的问题。对任何一家企业来说，都必须把它放在企业发展的第一位，做到不让顾客对产品有丝毫的遗憾与不满，唯有如此，才能让企业拥有良好的消费者口碑，才能借助于更多的消费渠道、网络平台，采用合适的宣传推广以及促销活动去撬动利润增长的杠杆。

从细节处超越竞争对手

产品的质量在很大程度上取决于经营者对于产品细节的精益求精。一个企业在消费者心目中的知名度、可信赖度，都建立在对产品品质满意度的基础上。细节处理得越细，产品品质就越高。

千里之堤，溃于蚁穴。细小的质量问题常常能让一个大企业倒下。商场如战场，在竞争日趋激烈的市场上，因不注重细节而丢失市场甚至殒命的企业浩如烟海。

江南一家名牌袜厂曾向日本出口袜子，尽管产品质量优异，式样新颖，可就是登不上大雅之堂，只能降价摆在小摊上廉价出售，且少有问津者。其症结就在于袜子的商标贴歪了。在顾客看来，连商标都贴不好的企业，怎能让人相信这种产品会是优等品呢？一个小小的瑕疵败坏了名牌的形象，该厂家因此失去了市场。

天津华旗果茶，年产果茶 45 000 吨，年销售额 1.2 亿元，被誉为“中国果茶的一杆旗帜”，但因其并不突出的质量问题被几十家新闻媒体报道后而陷入困境，市场销售锐减，库存严重积压，直接经济损失达 3000 多万元。

可以这么说，因为忽略细节，而给产品或者服务带来瑕疵，进而给企业的发展带来负面影响的案例举不胜举。或许有人会说，那些都是以前的事，现在的商业模式变了，销售渠道变了，人们的消费习惯与理念也发生了转变，似乎对产品和服务的质量用不着太过于追求细节，只要不出现什么大问题就可以了，最主要的要抢时间、缩减成本，售价便宜。没错，我们确确实实看到有不少的企业所出售的产品、服务并不见得多么好，甚至连一般的品质都没有，他们就是因为上市的时间快，价格相对便宜，而在短时间内获得了较为不错的利润。但是，他们也极可能因此而葬送了自我的发展与前程。

罗女士是浙江某玩具加工厂的老板，在互联网经济的冲击下，生产出来的产品销路变得越来越不好。为此，她伤透了脑筋。有人提议她开网店，拓展网络销售渠道。她听后看了一下网上同行业的店铺，在看到上面的售价后，觉得自己的厂子的产品如果按照相同的价码出售，利润及其微薄，甚至有些连生产的成本都不够。因此，她觉得在网上开店，拓展网络渠道并不是一个好的办法。

网上的东西卖的就是便宜，就是销量，你为什么非要按照原来的标准生产，品质次一点也没什么大不了的，买的人也不会多说什么。有朋友这样劝她。

罗女士想了想，觉得朋友说得有些道理。于是乎，她在思考了一段时间后，真的这么做了。让罗女士惊喜不已的是，当这一批的产品在网店上架后，就有很多人下了订单。然而，就当她决定再一次开机生产时，却看到了客户留下的无数的差评，以及申请退货的请求。

她彻底地懵了，自己给自己挖了一个大坑。

价格便宜可以让消费者心动，会成为他们购买的理由。但企业商家千万不要因为便宜而忽略了对自我生产出售的产品、服务品质的要求。因为你们可以选择忽略，但是作为消费者是永远不可能忽略的。虽然，每个人都知道“便宜没好货”，但是又有谁真正地能够接受花钱买来的东西有着一大堆的问题。他们嘴上可能不会过多的说什么，但是他们却会以实际的行动来告诉你：我不会再上你的当。

事实，在现今竞争激烈的市场环境中，企业要想获得利润的增长，不但不能忽略产品、服务的质量，而是应该更为注重。而要做到这一点，就必须关注细节。因为只有对产品质量付诸百分之百的努力和细节关注，才能真正地生产出品质更为优异的产品，才可以用品质撬动市场，获得利润的增长。

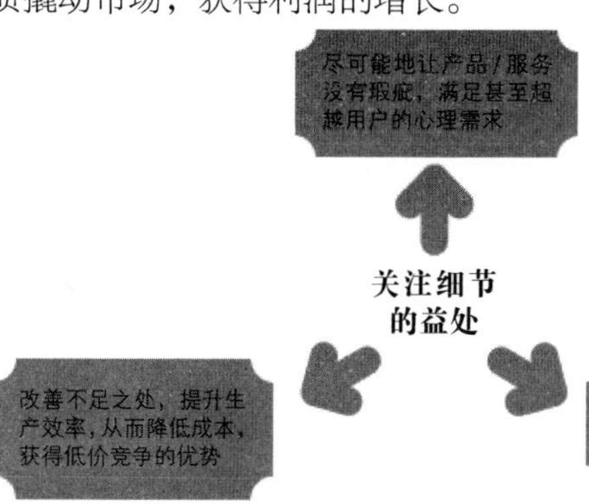

简单地说，企业商家关注细节能够得到上面的好处。那么，我们所要关注的有些那些方面的内容呢？

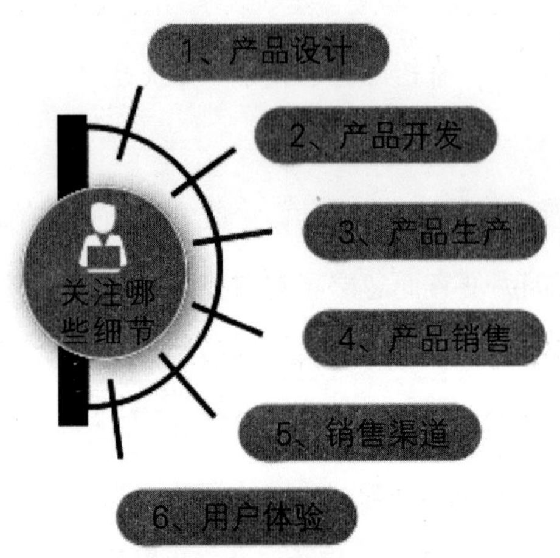

一般来说关注细节，要贯穿于产品设计、开发、生产、制造，甚至销售和使用的整个过程，因为在产品形成的整个过程中，每个细节都可能影响产品质量。美国人提出了“质量要革命”的口号，但若把质量革命落实到具体行动上，就在于把产品的所有细节都做到位。

“奔驰汽车”就是靠对细节检查不放松，生产出了高品质的产品。该公司的一位负责人说：实现高质量就要对产品的所有零件的细节进行检验。为了杜绝细微的质量问题，奔驰公司对于外厂加工的零部件，一箱里只要有一个不合格，就会把这箱零部件全部退回。按照传统的管理观念，存在一定的缺陷率是很正常的，可是这并不符合细节管理的精神。奔驰公司采取了“宁可错杀一千，也不放过一个”的细节管理模式，从而最大限度地杜绝了低质量产品的出厂。

接下来，我们就一同来看看奔驰公司是怎么从细节开始把握产品的质量的。

奔驰公司生产的引擎要经过42道关卡的检验，连油漆稍有划痕，都必须返工。即使是一颗小小的螺丝钉，在组装上车之前，也要经过检查，生产中组装阶段都有专人检查，最后由专门技师对所有的细节综合考证，合格后才签字放行。而许多比较单纯的机械劳动，如：焊接、安装发动机等则采用机械人，在一定程度上避免了一些制造细节出现问题。

奔驰汽车的设计是举世闻名的，但更让人们印象深刻的是，奔驰汽车把设计的各个细节落实在了其生产过程中，使每个细节都精致完美。许多公司在产品的设计过程中，都十分精心，事无巨细，力求完美。但是，其他公司生产出的相似产品，质量就相差许多，这种差异的形成，就是由于对细节的放松造成的。

同样，“奔驰汽车”为保证质量，对提供零配件与原材料厂家的产品质量管理也从不放松。严格管理这个细节，对保证质量也是十分重要的。否则，再好的技术，再好的机器设备，再熟练的员工，如果原材料和零配件的质量不稳定，也是难以生产出优秀产品的。

在一辆奔驰汽车的制造过程中，约有5%～10%的汽车零件是从别的公司购买的。奔驰公司选择供应商的条件是，供应商必须严格按指定的设计、原材料和生产规格的详细规范制造。各采购部经理要对其经营范围的商品品种、规格和质量负全部的责任，每个细节都不允许有半点差池。奔驰公司对主要的供货厂家非常了解，并要求他们按消费者的要求及市场动向提供高质量的原料及零部件，从细节管理的角度来说，这无疑给零部件供货厂家施加了更大的压力,使之不会忽视每一个零件的细节,从而更好地保证了产品的质量。

其实，企业在经营的过程就像筑一道大堤，要挡住市场经济的狂暴山洪，就必须将每一个细小的地方做到尽善尽美。唯有如此，才能建筑最坚固的利润基点，从而引爆利润增长的爆点。

03 绝不能忽略的引流

我们的引流，宣传推广，如果不是建立在对人们的生活习惯和方式基础之上，无论创意、内容有多好，不就等于是公明仪在对牛弹琴吗？别人都看不懂，又有何意义，又怎么能够达到应有的效果！

从正确认识宣传推广开始

再好的产品、服务，只有有人产生消费，才能给企业带来利润。当我们的企业在找准了自己所要生产或者是销售的产品、服务后，就必须想办法将产品、服务的信息推送出去，让更多的人知道。事实上，知道的人更多，所能带来的消费概率也就越大。

在今天，产品、服务同质化现象越来越严重，市场的主导早就从原来的“生产销售者”转变为“消费购买者”，人们在购买任何的一种产品，或者是接受任何的一种服务都会有无数的选择。在这种情形下，即便我们生产的产品，提供的服务再好，却没有多少人知道，完全淹没在众多同类型的产品，或者是服务之中，能期待多少人会花时间和精力从中把你的产品、服务找出来呢？

有不少的企业可能对一些销售量不错的产品、服务嗤之以鼻，觉得它们的质量并不怎么样。其实，这种羡慕嫉妒恨，或者说是“吃不到葡萄说葡萄酸”的心理是要不得的，只是一种牢骚或者是抱怨。所应该考虑的重点是：它们的质量并不怎么好，却依然热销，有很多人购买呢？

说到底就是这些企业商家知道宣传推广的重要性，他们会将产品、服务的相关信息通过现有的平台，尽最大可能地传播出去，让更多的人知道。这虽然是需要投入一定的成本，但所收获的是海量的潜在客户。

何先生是一家图书公司的领导管理者，主要出版的是生活健康类的书籍。在网上销售渠道的冲击下，他看到不少的同行开网店以及通过一些电商平台，销售业绩还不错。于是乎，他也开了自己的网店，将自己出版的图书扩散到诸多的电商平台。然而，令人遗憾的是，他做的一切并没有能够带来多大的经济效益。

为什么会这样呢？

说得简单一些，就是他没有做好宣传推广的工作，没有注重引流。以至于网店虽然开了，但没有客流量。试想一下，连进店铺的人都没有多少，又怎么能取得好的销售量呢？

谢先生是何先生的同行，也是竞争对手。从某种程度上来说，其所策划出版的图书质量要比何先生差一些。但是他出版的图书却在网上销售量极其不错，甚至还带动了网下实体店的销售。

这又是怎么回事呢？

原因就在于谢先生会采用各种方式去引流，将图书的相关信息传播出去，如公司的微信公众号、今日头条、朋友圈等等发布相关产品信息。像这样传递出去的信息越多，接受的人群基数越大，势必就带来了购买人群的概率越大了。

就拿我们熟知的“二八定律”来看，如果我们将信息传播给100个人，会有20个左右的人点击，而在这20个点击的人当中就又可能会有4个人消费购买，给我们带来利润。

或许可能会有人说，像这样“满撒网”的方式，所投入的成本是不是有些过高呢？在这儿所要说的是，在现今竞争激励，生活节奏变快的大时代背景中，企业要扩大自我的销售量，获得利润的增长，无论是被动的还是主动，都必须这么做。其区别在于谁能够将相关的信息推送到更为精准的客户那里，引起他们的关注。

同样，在这儿要说的是，这种宣传推广，或者是“病毒式”的传播，虽然不一定就会带来良好的经济效益，但是对未来的销售量的增长埋下了伏笔。因为在消费者心理上面有一种说法叫做“记忆性消费”。这也就是说，企业商家在做各种宣传推广的时候，即便接收者并没有当时点开，但是却会在他们的脑海中留下一些印象，当他们有着这方面的需求的时候，会想到自己曾经在那儿看到过相关的信息，就有可能按照记忆去寻找，从而了解你的产品、服务，也就有极大的可能性会成为你的客户。

总之，企业要想撬动利润的杠杆，就必须注重引流，做好宣传推广。

紧跟人们的生活习惯和方式

企业商家如何才能做到更为精准的引流，降低宣传推广的沉没成本呢？那就是紧跟人们的生活习惯和方式。就像是我们常说的那句话一样：说起来简单，但做起来并不是一件容易的事。因为，我们要做好，做到位，所需要考虑的问题还真的不少。接下来，我们就一同来看看当下人们的生活习惯和方式的主要特点。

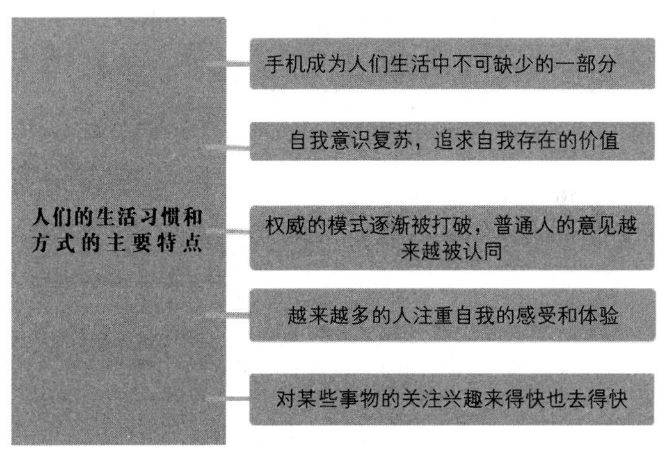

接下来，就让我们来了解一下这些特点吧！

特点一、手机成为人们生活中不可缺少的一部分。

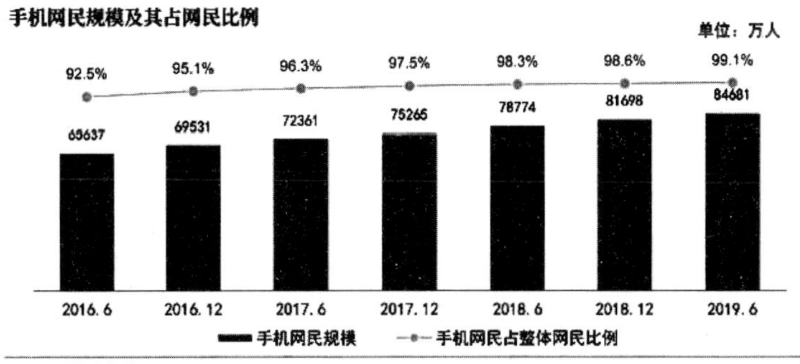

自移动互联网出现后，人们的生活越来越与手机分不开了。手

机不再是单纯的通信工具，而是成为了人们了解社会、融入社会的一个缩影和窗口。例如，在生活中遇到什么问题后，会通过手机网络寻找答案。

特点二、自我意识复苏，追求自我存在的价值

“移动改变了生活”，就像是这句广告词说的一样。随着移动互联网技术的不断发展，人们不仅仅能够获得越来越多的信息，同时伴随着自媒体的兴起，人们的参与意识越来越强，并且通过不同的方式来发表意见。

特点三、权威的模式逐渐被打破，普通人的意见越来越被认同

随着自媒体的兴起，人们有着更多的条件和机会发出声音，而这些发声者跟普通人群的更为贴近，更容易获得同类人的好感，进而打破了原有的专家权威性。现今出现的网红现象就是其中最好的一个证明。

特点四、越来越多的人注重自我的感受和体验

正是因为普通人群了解信息的渠道以及可以发出自己声音的通道变多，人们的自我意识复苏，并不断地加强，对自我的感受和体验就愈发注重。就拿一日三餐来说，以前可能只需要满足不让自我饿着就够了，现在却会考虑到很多，如营养、味道以及口感等。人们已经变得有些“挑剔”。

在某小区开了一家早餐店的马先生，他对此就有着深刻的体会。以前人们到他的店里面来吃早餐，大多数是随便叫上几个包子、油条或者是一份粥之类的，就坐在简易的桌椅旁，很快就吃完了。即便有的时候味道做得并不太好，那些人也没有什么意见，第二天照样会光顾。可是，现在一些到他这儿来吃早餐的人却意见多多，不是说什么椅子做的不舒服，就是说什么环境不好，再者就是味道差一点。

诚然，马先生的早餐不可能做到满足任何一个人的口味，人们对此有所意见也很正常。但是，让马先生想不到的是，到他这人来吃早餐的人越来越少。他很想知道问题究竟出在哪儿。于是，他就询问了几位老顾客，得到的答案却几乎一样：在这儿吃早餐感觉有那么一点点的不舒服，他们找到了觉得比在这儿吃早餐更为适宜的地方。

看看，这不就是人们越来越注重自我的感受和体验的一个有力的例证吗？

特点五、对某些事物的关注兴趣来得快也去得快

我们都知道现在的社会是一个高速运转的社会，同样也是一个信息大爆炸的社会。当我们打开手机或者是电脑后，就会看到无数的新闻以及热点事件，并且更新的速度极其快速。就拿前面新闻来说，在上一秒打开的时候，我们看到的前几条的信息。在下一秒打开后，以前的位置就可能被新的内容所替代，都不知道到哪儿去了。而这种信息更新迭代速度的变化，让人们对某些事物的兴趣来得快也去得快，就连谈话的主题都在不断地变化。这也就告诉我们生活在这个时代的人，他们跟以前的人相比有一个较为显著的特点，那就是“变化太快，无确定性”。

企业要想打开市场销路，获得利润的增长，在引流，也就是对产品、服务进行有效的宣传推广的过程中，就必须对人们的这些特点有所了解。只有这样，你的宣传推广才会有针对性，才能达到可能出现的效果。

公明仪是我国战国时期一位著名的音乐家，他琴艺很高，所弹的曲子非常优美动听。也就是因为如此很多人都喜欢听他弹琴，并得到了人们的喜欢和尊重。

有一年的春天，公明仪到郊外踏青，看到青草、绿叶、红花以及在花丛中飞来飞去的蜜蜂、蝴蝶，不由得心旷神怡，便拿出琴，情不自禁弹了起来。

在他弹琴的时候，刚好有一只牛在旁边吃草。虽然公明仪弹奏的琴曲十分的优美动听，人们在听到后都会着哼着小曲、和着拍子，跟着节奏摇摆，甚至有些人会情不自禁地跳起舞来。但是，那头牛却不为所动，仍然在安静地吃草。

为什么会这样呢？公明仪想了想觉得可能是自己弹的曲子太过深奥，牛听不懂。于是，他又换了一首浅显易懂的曲子。但是，那头牛依然不为所动。这让公明仪感到失落，想不明白牛怎么对自己弹的曲子无动于衷。就在这个时候，一位老农民走了过来。

“不是你弹的曲子不好听，而是牛压根儿就不懂你的音乐！”老农民说。

这就是对牛弹琴的成语故事。我们的引流，宣传推广，如果不是建立在对人们的生活习惯和方式基础之上，无论创意、内容有多好，不就等于是公明仪在对牛弹琴吗？别人都看不懂，又有何意义，又怎么能够达到应有的效果！

与人们消费习惯同步

如果说是认识人们的生活习惯和方式，是引流宣传推广的第一步，接下来，我们就要对人们的消费习惯做一个较为详细的了解。

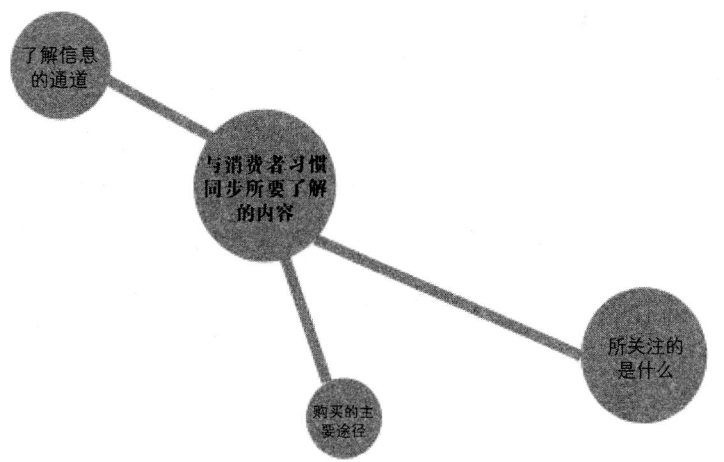

在了解人们的消费习惯之时，我们首先要了解的是，人们是通过什么样的方式去了解相关产品、服务的信息的。这一点在宣传推广的引流过程中十分重要。这直接关系到，我们的宣传推广信息是不是能够推送到有需求人的手中，是不是能够带来潜在客户群体，以及能否产生效应的效果。举一个简单的例子，这就像是有一个人拿着渔网去捕鱼，在他的面前有两个池塘，A 池塘内有很多的鱼，

B 池塘内却是一摊不适合鱼儿生存的死水。你觉得这个人会在哪个池塘撒网才能捕到鱼呢？

其实，我们都知道只有选择 A 池塘才能捕到鱼，因为 B 池塘里面压根儿没有鱼啊。在引流，宣传推广的过程中，企业去了解人们获取信息的通道，就如同在撒网捕鱼之前先去判定哪个池塘里面有鱼，然而才决定撒网。像这样，虽然不一定能百分之百捕到鱼，但是去提高了捕鱼的概率。现实中，有许多的企业商家虽然知道引流 / 宣传推广的作用，他么也做了许许多多的宣传推广工作，但是为什么花费了大量的人力和物力，却效果甚微呢？其中有很大的原因，就在于此。因为，企业商家所做的一切动作都没有传递到目标受众那儿啊，他们都可能不知道你所提供的产品、服务的信息，又怎么会发生消费购买呢？

在确定了人们获取信息的通道之后，企业在引流、宣传推广的过程中就要考虑目标受众群体所关注的是什么了。说的更为简单一些，那就是他们对什么感兴趣。倘若不能做到这一点，推送的信息再多，也难以引起他们的兴趣，达到所期望的效果，反而还可能会对他们造成骚扰，会对所传递的信息“屏蔽”。

柯先生是某家教育培训公司的老总，其主要的业务是面对中小学生的 K12 教育。对教育培训业来说，最让他们感到头痛的问题就是生源。如何去获取更多的生源呢？柯先生他们在商讨过后，就决定用短视频来引流，及拍摄一些简单的上课，或者是让公司的老师来说孩子要受到良好教育的短视频，并放在了抖音或者是快手上面。

他们的想法很不错，并自信满满的认为，这些短视频会带来一批生源。然而，现实却十分的残酷，这些短视频并没有能给他们带来所期望的生源。

为什么会这样呢？

你可能有些难以理解，不是说现在短视频很火吗？是的，短视频营销随着移动互联网技术的不断进步，已经成了众多的企业销售的重要手段，并且效果不错。但是，短视频营销不是简简单单地拍几个短视频，放到相关的平台上，就能达到利润增长的效果的。而是需要创意，需要对受众群体的心理有着一定的了解，所传递的内容能够引起人们的关注、产生兴趣。否则，就是一种瞎折腾。

柯先生希望能够通过短视频达到引流，未能达到应有的效果，便是在于对受众的心理认识的不够清晰，未能把握住消费者的关注点。

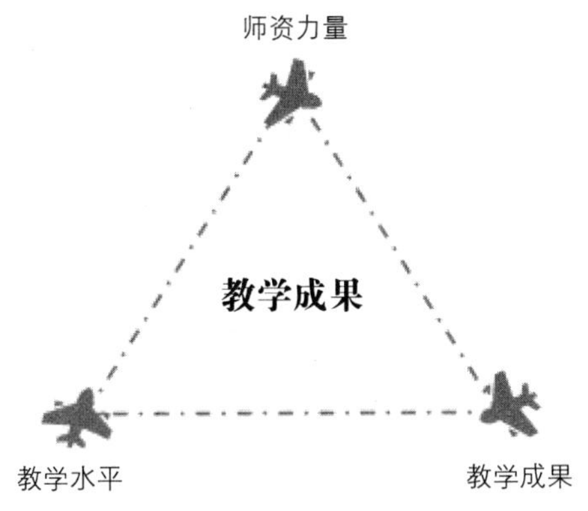

一般的来说，对于K12教育，人们所关注的是“师资力量”“教学水平”“教学成果”。柯先生在进行拍摄短视频的时候，就可以从这三个方面位基点，拍摄出“新”“奇”有意思的内容，就可以很好地达到引流的目的了。

在很多的时候，我们的一些企业在运用新兴的自媒体技术来引流、做宣传推广时，虽然做了很多的工作，但没能取得应有的效果，就是没有能够从人们的关注点出发，去挑动人们的“痛点”。你要知道，你现在所做的事，别的企业也在做，你不花点功夫去了解你的目标受众，不知道他们所关注的重点是什么，不能够刺激或者放大他们的“焦虑”，他们凭什么选择你呢？

无论我们如何的绞尽脑子，也不管我们如何的“脑洞大开”写软文，发布“病毒式”的广告，或者是目前最为流行的短视频、直播营销，其最终的目的就是扩大销售量，获得利润的增长。没有人消费购买，我们所做的一切都是白做，这也就决定了在引流、宣传推广的过程中，我们必须将客户引导到我们网店，或者是其他的销售平台。而这也就告诉了我们，在做那一切的动作时，就得要对人们的购买途径有所了解。例如，现在人们都普遍习惯于在网上购物，你还在把他们网络下的实体店引导，你觉得作用大吗？

事实上，我们的引流、宣传推广，都是以“消费者”为原点开展的，所做的一切，所需要解决的问题，就是如何“让自我的产品、服务跟消费者发生连接”，让消费者产生消费和购买。而要做到这些，就必须要做到与人们的消费习惯同步，予以消费者最大的便利，让他们在众多同类型的产品或者是服务中，更快更好地挑选到他们所需要的。

史蒂芬·布朗，英国北爱尔兰欧斯特大学营销研究教授，被称作另类销售专家的他，在其《戏弄》一书中，就曾经提出个这样一个观点，人们在消费的时候，现在越来越关注的是时间成本，而非价格。相信，这句话会给你在引流，宣传推广的时候带来一定的启示。

找准引流推广的平台

引流、宣传推广在现今的销售过程中显得极其重要，未能做好引流，就难以获得庞大的客户群体，要想获得较好的销售业绩，获得利润的增长也就无从谈起了。为了能够达到很好的引流效果，获取更多的客源，企业除了通过正常的手段，以及现有的大数据获得上面的信息外，还要找准信息发布的平台。

随着互联网技术不断地进步与完善，尤其是在自媒体兴起后，企业商家在宣传推广，也就是引流上打破了原来传统媒体传递信息的渠道——其通道以及方式变得越来越多，而且也没有了原来的种种限制，要开放得多。例如我们可以在微信朋友圈、今日头条、快手、抖音等等平台，自由地发布各种各样的信息。

相对于以前来说，企业所受的限制、成本大大地增加了，不少的企业也恰恰正是因为如此吸引了大量的客户，在提升自我知名度的同时获得了销售业绩的增长。但是，随着越来越多的企业采取几乎可以说是“复制”的模式，导致了不少的企业商家虽然做了诸多的引流内容，却效果甚微，甚至有的时候是在白忙活——就像是巨大的海洋里面投进了诸多的小石子，连小小的浪花都没有掀起。

为什么会这样呢?

除了内容之外，还有一个较为重要的原因，那就是所选择的发布平台是不是所需要锁定的目标客户群体相适应。接下来就拿目前最为火热的抖音、快手为例，来说明这一问题。

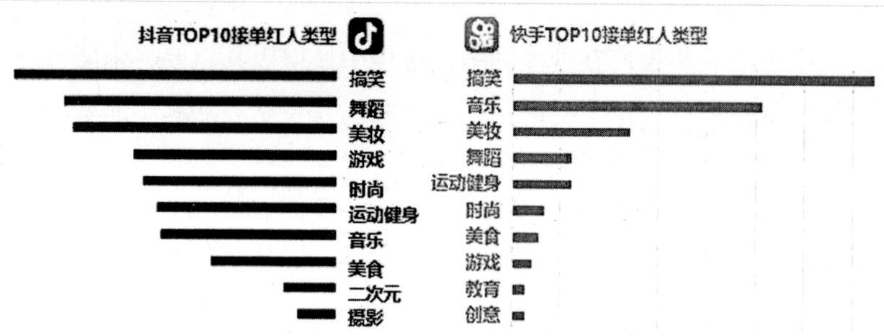

以上是网络上整理出来的抖音以及快手前 10 名接单红人的类型，下面是两者之间的用户区别。

	抖音	快手
用户性别	女性用户偏多	男女用户比例则更加均衡
用户城市	一二线城市为主，占比达到 52%	三四线及以下城市占比更多，占比达到 64%
用户年龄阶段	受众人群更年轻化，网友普遍文化水平较高。	群众基础深厚，但是受众人群不如抖音年轻。
推送方式	抖音是滚动式的推荐模式，它推什么，我们看什么，深度沉浸。	瀑布流式的展现模式，我们可以去选择自己想看的内容。
效果	流量集中分发，易于打造爆款，粉丝获取效率要大于快手，更便于帮助机构和品牌沉淀私域流量（即：粉丝）。	基于社交 + 兴趣进行内容推荐，先社交再兴趣，社交信任流量大于抖音，更利于帮助机构和品牌沟通私域流量，沟通越深，信任越强，离转化的路径也就更短。

从上面的图、表可以看出由于企业所提供的产品、服务的不同，所针对的消费群体的不同，在这两家平台上做引流、宣传推广的效果也是完全不一样的。

在这儿需要提醒的是，虽然现今的宣传推广渠道多了，引流的方式多了，但是，我们同样要知道，市场也变得越来越细分，要想达到更好的引流效果，就应该做得更为精准。事实上，唯有精准的传播才能更为准确、快速地获取到客户源，真正地实现利润的增长。而这就需要企业的实际操盘手，在进行运营的过程中学会收集、分析大数据。

04 制定适合的战略

在整个公司的运行和管理中，战略规划起着非同一般的作用，它是企业生存与壮大的必须。一个企业只有进行周密的计划、安排，统筹全局，规划战略，才能甩掉对手，在激烈的市场竞争中取胜，从而做大做强自己。

只有规划战略，才能走在对手前面

战略规划由20世纪70年代的时尚地位，发展到现在，已经成为企业在竞争中不得不付诸实践的活动。这是企业做大做强必须遵循的商海原则，也是互联网商业时代企业商家获得利润增长的内核。

众多事实证明，企业的成功与失败往往被归之于战略的正确或错误。可以说，战略规划在整个企业的运行和管理中，起着非同一般的作用，好的战略将带来好的绩效，带来利润的增长，而不重视战略规划重要性的企业，必然会在商海竞争中落败。幸福集团由盛而衰的过程就是最好的证明。

周作亮39岁的时候，在家乡幸福村办起了“幸福服装厂”，当年赢利只有5000元。接下来的几年里，周作亮大胆尝试，贷款从美国、日本引进了14条服装生产线，其衬衫、西服两大主导产品开始打入国际市场。1989年，在国际市场环境恶化，订单大幅度减少的形势下，周作亮处变不惊，把握时机先后在深圳、香港成立了幸福制衣有限公司和幸福贸易公司，一年内拿到了8000万元的外贸订单。1991年幸福村和幸福服装厂村企合一，组建了幸福集团公司；1992～1993年公司又较早地开始了股份制改造。他们先后投资3000万元，建成了农田开发区和200栋农民别墅。

这些成绩的取得，既得益于改革开放的机遇，也是周作亮勇气、胆识和能力的证明。1993 年，周作亮偶然获悉经营铝材可以获取丰厚的利润。于是，他当即决定投资 1.1 亿元兴建铝材厂，并且仅用 8 个月的时间就建成了日产 10 吨的铝材加工厂。

随后，由于铝锭、铝棒全部需要外购，周作亮决定再建设电解铝厂，可是他却要面临电力供应不足的现状。为解决铝厂的用电问题，他不顾电力部门的强烈反对，在小火电已经列为限制发展项目的情况下，上马了三台 5 万千瓦小机组。年发电能力达到 15 亿千瓦，而铝厂自用仅为 6 亿千瓦时，三台小机组中有两台闲置。

于是，为了解决剩余电力的对外输出和联网问题，周作亮又建变电站。变电站建好后，为了解决发电用煤的问题，周作亮专门成立了一个庞大的运煤车队；当载重 60 吨的重型车无法通过简易的乡村公路时，周作亮计划出资 7000 万元修一条长 40 公里连接高速公路的专用二级公路；当发电产生灰粉无法处理时，周作亮计划兴办一个水泥厂……

就这样，周作亮“逢山开道、遇河搭桥”，这种毫无规划的经营方式最终把幸福集团引入了深渊。1999 年 9 月，周作亮将幸福集团的大部分股份转让给了湖北国投。

很显然，周作亮的经营方式没有任何的战略规划性，也正是这种经营方式，把幸福集团一步一步引向了衰败的边缘。

车到山前必有路，柳暗花明又一村，虽鼓励人们勇敢面对挫折，但是在现代企业发展中，如果企业也抱着这样的态度来经营自己的事业，却是极为错误的。因为，这样的态度很容易让一些企业在经营中习惯跟着感觉走，或者明知前方无路依然固执地走下去。这些不科学和缺乏正确战略意识的经营行为是企业做大做强最值得注意的忌讳。

如今，对企业来说，战略规划已不再是可有可无，而是成为企业发展的必须。随着20世纪70、80年代一系列的变化的出现，如能源危机、旧的游戏规则被废弃、技术革新日新月异、全球竞争日益加剧等，各个方面的环境冲击使原先的传统的长期规划方法失效了。游戏规则的变化迫使企业的管理者们不得不改变以前的做法，进而通过系统性的方法，来分析环境、评价企业的优势和劣势，以及识别有可能建立自身竞争优势的机会。在这些压力下，企业开始逐渐认识到战略规划的重要性。一项调查结果表明，有69%的公司管理者都会为公司制定战略规划，并且，在他们当中，89%的人认为他们的规划是有效的。他们认为，战略规划使他们有了具体的目标，而且使他们的员工统一了认识。实际上，许多公司的管理实践表明，一份好的战略规划对公司的发展意义重大，而且这种重要性正日益突出。

那么，到底什么是战略呢？战略是企业在分析了自己经营的外部环境和内部条件后，所作出的具有长远性、全局性的企业经营与发展的构思和规划。随着激烈的市场竞争和企业规模的不断扩大，战略在企业中的地位越来越重要。

以下，就是企业在进行战略规划时，必须考虑到以下几个步骤。

1、确定企业当前的宗旨、目标和战略

每个企业都有自己的宗旨，它规定了企业的目的并回答了这样的问题：我们所从事的到底是什么事业。定义企业的宗旨能够促使管理者仔细确定企业的产品和服务范围。

2、分析环境

企业所面临的环境是其管理行动的主要制约因素，因此对环境的分析就成了战略规划步骤的关键要素。这是因为企业的环境在很大程度上决定了管理者可能的战略选择，成功的战略必然是与环境相适应的。每个企业的管理层都必须分析它所处的环境，必须了解市场竞争的焦点，拟议中的法律、法规对企业可能造成的影响，以及企业所在地的劳动供给状况等。最重要的是要准确把握环境的变化和发展趋势及其对企业可能产生的影响。

3、发现机会和威胁

企业管理者在对环境进行了分析之后，还需要对企业所面临的机会和威胁进行评估。由于每一家企业所控制的资源不同，因而即使是同样的环境，对某个企业来说可能是机会，而对另一些企业却可能就是威胁。

4、分析企业的资源

分析完企业所面临的外部环境，还要分析企业的内部资源状况。企业的员工拥有什么样的技巧和能力？企业的现金状况怎样？在开发新产品方面，企业是不是一直都很成功？公众对企业及其产品或服务的质量有什么反应？对企业资源的分析促使管理者认识到，无论多么强大的企业，都会在资源和技能方面受到某些限制。

5、识别优势和劣势

通过上一步的分析，企业就对组织的优势和劣势有了一个明确的评价，这样，管理者就能够识别企业与众不同的能力在哪里，也就是可以作为组织的竞争武器的独特技能和资源是什么。分析企业优势和劣势的关键，是理解企业文化和力量以及它们赋予管理者的责任。特别是管理者应该认识到；文化的强弱以及文化的内容都对战略起着相当大的影响。

在强势文化中，几乎所有的员工都能够清楚地理解企业的宗旨，这使得管理者很容易把企业与众不同的能力传达给新员工。当然，强势文化也有消极的一面，那就是难于改变，因此一种强势文化可能成为企业接受转变的重大障碍力量。具有强势文化的成功企业，可能成为它们过去成功的囚徒。

就拿曾经在美国具有极大声名的王安电脑公司来说吧。在当时它年营业额曾达 30 亿美元。敢与电脑界的巨无霸 IBM 对着干。可是，八十年代末，王安电脑公司便迅速走向了衰落，并宣布破产。其崩溃原因很多，但其中最为要紧的一条，就是其企业的文化过于强势。即在经营决策以及用人来都以自己为主，很难听得进他人的意见。例如，王安明知道自己的儿子王列并不适合在公司担任要职，却依然对其委以重任，担任公司总裁。在他的这种强势下弄得有人有意见不敢提，以至于阻碍了公司最高管理层对员工，对顾客需求动态的觉察，未能采取适应计算机产业的变化的新的公司战略而被市场无情淘汰。

各企业的文化在鼓励冒风险、开拓创新和奖赏绩效的程度上存在很大差异。由于战略选择包含这些因素，因此对于某些战略，文化的价值观影响管理者的倾向性。例如，对于厌恶风险的文化，管理者更愿意采取那些防御性的和财务风险最小的战略，更倾向于对环境的变化作出反应，而不是试图预测变化事先采取行动。在回避风险的公司中，你不必对管理者一味强调降低成本和改进现有产品感到奇怪。而在创新受到高度重视的公司中，管理者更倾向于开发新技术和新产品，而不是开辟更多的服务场所或加强销售力量。

7、重新评估企业的宗旨和目标

企业通过把对企业的优势、劣势、机会和威胁的分析结合在一起，以便发现组织可能发掘的细分市场。按照这样的要求，管理者应当重新评估企业的宗旨和目标：它们是实事求是的吗？它们需要修正吗？如果企业的整体方向需要改变，那么战略规划过程可能要从头开始。如果企业的大方向不需要改变，管理者就可以着手制定战略了。

8、制定战略

制定战略时，管理层需要开发和评价不同的战略选择，然后选定一组符合企业要求的战略，这些战略应当能够最佳地利用企业的资源和充分利用环境的机会。制定战略时，管理者必须寻求组织的恰当定位，以便获得领先于竞争对手的相对优势。这要求仔细评价控制产业竞争规则的各种竞争力量。作为一名成功的管理者，所选择的战略应当使企业获得最有利的竞争优势，并且能够使这种优势长期地保持下去。

9、实施战略

即使是最好的战略，也必须经过实施才能发挥作用，换句话说，无论战略规划制定得多么完美，如果不能恰当地实施仍不可能取得成功。实施战略涉及许多方面的问题。例如，战略与组织结构的关系。成功的战略要求组织结构与之相配合。如果一个企业的公司层战略有重大改变，它就要求适当改变其总体结构设计。最高管理层的领导能力是成功地实施战略的一个必要因素，而中层和基层管理者执行高层管理者的计划的主动性同样很重要。另外，如果新战略要取得成功，通常要求雇用具有不同技能的新人员．将某些员工转换到新的岗位上和解雇某些员工。因此，管理者应当招聘、选拔、培训、提升、调换、处罚，以及甚至可能解雇某些员工，以实现企业的战略目标。

9、评估结果战略

规划步骤的最后一个环节是对结果进行评估。例如，战略实施的效果如何？还需要对战略做哪些调整？

企业如果能认识到战略规划对其的重要性，并按照以上步骤制定与实施战略，那么获得利润的增长，做大做强自己便有了更大的保证。

发掘新定位，获得竞争优势

在规划战略时，企业必须根据自己的实际情况对发展进行定位，从不同的定位上寻找市场突破口，以期获得更大的竞争优势，得以更大的增长。

约翰·凯斯勒认为，竞争战略从本质上来说，探讨的是差异性的问题，它意味着选择一套不同的活动，来为顾客提供独特的价值。因而，企业可以通过发掘新定位，来获得市场竞争优势。

战略性竞争可以被视为是对企业的新地位的认知过程，它可以以现有定位招徕顾客，或者能够吸引新顾客进入市场。例如，提供种类齐全的单一商品的超市，从提供品种更多、但选择性相对有限的百货公司手中，夺得市场占有率；而邮购商品目录，则锁定在注重便利性的顾客上。从理论上讲，既有的厂商和企业家在发掘新的战略性定位时，面对的是相同的挑战，在现实中往往是新进厂商反而更占有优势。

但是，战略性定位通常都不容易被察觉，发现它们需要有一定的创造力和洞察力。新进厂商通常能发现被既有厂商所忽略的已存在市场的独特定位。比如拉默租车公司 (Alamo Rent—A-Car) 凭借的正是其独特的战略定位，获得了市场竞争的主动权。

拉默租车公司是一家从事机场租车业务的公司。在拉默公司成立的时候，已经有四家企业雄霸该行业，他们是：赫兹公

司 (Hertz)、阿维斯公司 (Avis)、国民公司 (National) 和预算公司 (Budget)。尽管如此，在 20 年之后，拉默公司仍然取得了成功，人们不禁要问，它是如何与上述这四家强大的公司竞争的呢？在不到 20 年时间里，拉默公司成长为一家 5 亿美元的公司，其净利润额在全行业排名第二，仅次于阿维斯公司。这全靠拉默租车公司管理层的战略性定位。

经过认真的分析与研究，拉默租车公司决定将公司定位在低价格、低成本、高营业额的经营策略上，而消费群则以度假旅游者和那些精打细算的顾客为主。正是这一定位使拉默公司在竞争中领先于主要的竞争对手。

为了在机场轿车出租市场中占据一席之地，拉默公司最初倾尽全力，集中于低价格的抉择上。拉默公司在每一处可能的地方做广告，到处宣传其租金比其他的同类公司低 20%，并且不对行车里程额外收费。例如，周日在洛杉矶向拉默公司租用一辆雪佛兰 Beretta 牌轿车，日租金只需 38 美元，而且不收里程费。而当时在赫兹公司租用同一型号的轿车，每天的租金是 51. 93 美元，而且还必须至少提前 3 天预定。不仅如此，超过 160 公里，赫兹公司还要每公里加收 20 美分。

提供低价格的服务对顾客当然是一件好事，但是公司如何在如此低的价格下保证盈利呢？拉默公司的具体措施是：将营业场所设在营业量大而且租金便宜的地方。赫兹公司在美国和英国有 5400 处营业场所，而拉默公司却只有 105 处，不过，拉默公司的营业场所全部设在客流量最大的机场。因此，尽管赫兹公司的营业场所数量是拉默公司的50倍，但赫兹公司出租的轿车数量却只有拉默公司的4倍。这样，拉默公司以保持高营业额的方式使其成本远远低于市场平均水平。

此外，拉默公司还将其大多数业务台设在临近机场大厅外面的地方，这样就避免了机场大厅内天文数字般的租金，从而使其管理费用的支出得以控制在低水平上。如此一来，拉默公司提供低价格的服务就成为可能。拉默公司实施的战略获得成功的另一个关键要素是，它所选择的目标市场。赫兹公司和阿维斯公司投入巨资为争夺《福布斯》杂志排出的前100位总经理时，它却选择了度假旅游者这一特殊的市场。只是到最近几年，它才将其细分市场稍微扩展了一些，把精打细算的商业旅行者作为它的目标顾客。

拉默租车公司以其独到的眼光确定了市场定位。与拉默租车公司相似的是，宜家家居也发现了一群被忽略或服务不足的客户，从而制定了独特的市场定位。

宜家家居的市场目标是年轻的家具客户，这些客户注重的是价格低廉的时尚家具。宜家家居依靠量身打造的一套能有效运作的活动，将这个营销概念转变成战略性定位，它选择以不同于其他竞争者的方式，来执行自己的活动。

想象一下典型的家具公司：商品展示间里陈列着各种样品，一个区域可能陈列着25套沙发，另一个区域则展示了5张餐桌，而这些只是可供客户选择的一部分产品而已。他们还会提供几大本贴着不同布料、木质或不同设计的样品，提供数以千计的产品供顾客选择。业务员这时通常会亦步亦趋地陪伴顾客看完所有的陈列品，回答顾客的问题并协助他们走出这迷宫般的选择。一旦顾客选择了某件产品，订单就被送往制造厂。如果一切正常，这件家具就能在6～8个星期内送到顾客的家中。

这种做法为顾客提供的服务固然好，但是其成本当然很高。宜家家居反其道而行之，选择为那些愿意节省成本而牺牲服务的顾客提供服务。它不采用业务员一路尾随顾客的销售方式，而是采取店内展示的自助式服务。它认为与其依赖制造商，不如自己设计独有的低成本、组合式、可自行拆装的家具，更能符合本公司的定位。

在占地面积较大的卖场中，宜家家居将空间隔成一般的房间大小，并在里面陈列所有的产品，因此，无须装潢设计师的协助，顾客也能自己想象出各式家具摆放在一起的模样。仓库紧挨着家具展示间，里面的所有产品均已打包放在输送台上，顾客必须亲自动手取下，并设法将他们带回家。必要时，宜家家居还贩卖车顶架，以方便顾客载货，而且在归还时还可以退费。宜家家居还向顾客提供许多竞争者没有的额外服务，例如，在店内设有儿童照顾区，延长营业时间等。

这些服务既独具匠心，又满足了顾客的需要，因为这群顾客正好是年轻、小康、可能抚养了小孩（但没有保姆），此外由于必须赚钱维持生计，而只能在下班时间逛街购物。

作为一个新进的公司，宜家家居正是瞄准了被忽略的这部分年轻顾客，从而以此为出发点，打开了市场。

从拉默公司与宜家家居的身上可以看出，在当今的市场中，同那些既有的厂商相比，新进的厂商虽然没有资历，经验也远不如它们丰富，但这些新进的厂商却具备了既有厂商并不一定具备的独特的市场眼光，正是这一眼光使得一老一新的定位出现了差异。如当电器业的电路城商场 (Circuit City Store) 进入二手车市场时，它所创办的汽车大王 (Car Max) 提出了一套全新的经营方式，包括全面翻修的旧车、产品保证、不二价、巨细靡遗的客户贷款服务等，这些做法都被既有厂商忽略了。而新进厂商则通过模仿和观望而占据竞争者曾一度保有的地位，并因此日益蓬勃发展。

随着社会进步而产生的新需求，新销售渠道的出现，新技术的发展，新设备或信息系统开始问世。当这些变革发生时，新进厂商由于没有某个产业背景的包袱，通常更容易发现以新方法竞争的潜力。新进厂商没有取舍新旧活动的问题，因而可能会比较灵活，这一点便是他们与既有厂商的区别所在。

由此可见，准确的定位对企业而言，意味着发展的可持续性。所以，企业必须充分挖掘出适合自己发展的定位，方能在市场竞争中获得更大的优势，从而不断地做大做强自己。

选择正确的竞争战略

企业能否获利润上的增长，是否能否做大做强，一定程度上取决于所选择的竞争战略是否与组织和产业的形势相适应，只有选择正确的竞争战略，企业才能立于不败之地。

波特的竞争战略框架表明，管理者可以从三种一般战略中进行选择，成功与否取决于所选择的战略类型是否与组织和产业的形势相适应。这是迈克尔·波特近年来，在竞争战略方面提出的重要战略规划思想。同时，波特还详细地阐明了管理中如何才能够建立并保持高于产业平均生产率水平的竞争优势。

波特认为，有些产业与其他产业相比，具有内在的高利润率，例如制药业。所有制药业中的企业，都能够获得较高的边际利润。但这并不是说处于微利产业中的企业就无法大量地赚钱。能否赚钱的关键在于获取竞争优势。因为，即使是像个人计算机这样极富魅力的产业中的企业也可能亏损，而像销售旧汽车零件这样极其普通的产业中的企业，也可能获得丰厚的盈利。

据此，波特认为，大多数产业中的企业都可能取得成功——只要你选择了正确的竞争战略。通常情况下，在任何一个产业中，都有以下5种竞争力量控制着该产业的竞争规则。

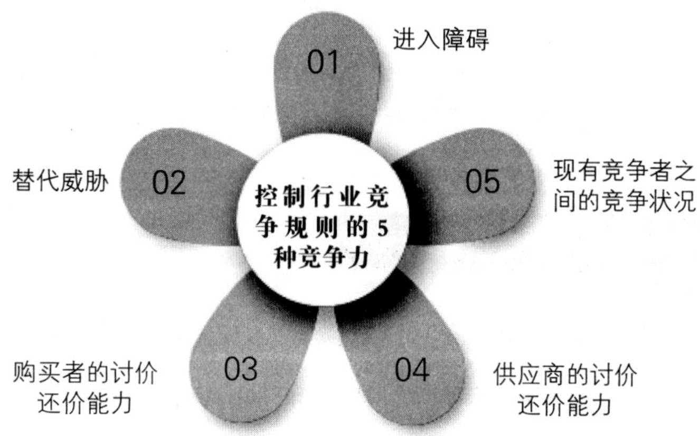

1、进入障碍

诸如商标知名度、资本需求，以及规模经济等这样一些因素，决定着新竞争者进入该产业的难易程度。

2、替代威胁

诸如转换成本和购买者忠诚这样的因素，决定着顾客转向其他竞争者的可能性及大小。

3、购买者的讨价还价能力

诸如购买者的购买量、购买者所掌握的信息，以及可供选择的替代产品这样的一些因素，决定着购买者的影响程度。

4、供应商的讨价还价能力

诸如供应商的集中程度及可供选择的替代输入这样一些因素，决定着供应商对该产业中企业的影响力。

5、现有竞争者之间的竞争状况

诸如产业的增长率和产品差异这样的一些因素，决定了产业中企业之间竞争的激烈程度。

这 5 种竞争力量通过直接影响企业的产品价格水平、成本结构和投资需求，而从整体上决定了产业的平均利润水平。这并不是说产业的平均利润水平始终处于静态之中，恰恰相反，这五种力量的互动，正说明了产业动态总处在不断地变化当中，今天某个产业是高利润率的，也许明天就会变成无利可图。

所以，在竞争优势的选择方面，任何一家企业都不可能成功地通过为所有的人做所有的事达到超过产业平均水平的绩效。作为企业管理者，必须选择一种真正能为企业带来竞争优势的战略。那么，企业管理者究竟应该选择哪一种竞争战略呢？

一般而言，基本的竞争战略有三种：成本领先战略、差异化战略和专一化战略。

实行成本领先战略 (Cost leadership strategy)，要求企业必须是产业中低成本的生产者，而且是成本的领导者，而不仅仅是竞争成本的领导地位的企业之一。此外，企业提供的产品或服务必须是能与竞争者的同类产品相比的，或至少是顾客愿意接受的。

企业怎样才能获得成本领先优势呢？典型的方式包括高效率的运营、规模经济、技术创新、低人工成本和取得价格低廉的原材料。像沃尔玛公司、加洛葡萄酒公司 (Callo Wines) 和西南航空公司都是成功地应用成本领先战略的企业。

实行差异化战略 (Differentiationstrategy)，要求企业必须寻求产业中与众不同的特色。它强调高超的质量，非凡的服务，创新的设计，技术性专长，以及不同凡响的商标形象。实施该战略的关键是选择的特色必须不同于竞争对手，并且使溢价收益超过追求差异化的成本。实行该战略的大多数企业至少在某一方面超过了竞争对手，如玫琳凯化妆品公司 (Mary Kay Cosmetics) 的分销，英特尔公司 (Intel) 的技术，L.L. 比恩公司 (L.L.Bean) 的服务，以及美特格公司 (Maytag) 的可靠性均是如此。

成本领先战略和差异化战略是在广泛的产业细分市场中寻求竞争优势，而专一化战略 (Focus strategy) 与前两种正好相反，它是集中在狭小的细分市场中寻求成本领先优势（成本专一化）或差异化优势（差别专一化）。也就是说，专一化战略的目标是独占这个市场。所以，管理者要首先选择产业中的一个或一组细分市场如产品品种，最终顾客类型，分销渠道或地理范围，然后制定专门的战略向该细分市场提供与众不同的服务。

专一化战略是否可行取决于细分市场的规模，以及该细分市场能否支撑专一化战略的附加成本。有关研究表明，专一化战略对小企业可能是最有效的战略，因为小企业通常不具有规模经济性或内部资源，很难成功地实行其他两种战略。有些企业不能够明确地凭借某一种基本战略获取竞争优势。这些企业难以获得长期的成功，它们之所以还能生存，是因为它们处于非常有利的产业中，或者是竞争对手像它们一样无法获得一种明显的竞争优势。有一些成功的组织，一旦超出了它们的竞争优势范围就会遇到麻烦。

雷克航空公司 (Laker Aiways) 公司于 1977 年成立，专门提供设施俭朴、价格低廉的伦敦至纽约航班。这种成本领先战略使得它在早期取得了显著的成功。但到了 1979 年，公司开始增加新的航班并且提供高档服务，从而使得雷克航空公司在公众心目中的形象模糊了，竞争者乘虚而入，结果该公司在 1982 年宣告破产。

由此可见，这三种竞争战略究竟选择哪一种，主要取决于企业的优势和竞争对手的劣势。管理者应当将企业置于竞争对手所不具备的强有力地位，尽量避免与产业中所有的竞争者拼杀的局面。选择好合适的竞争战略后，企业要想获得长期的成功还必须能够保持住企业的这种竞争优势，也就是说，企业必须阻挡住来自竞争对手的侵蚀，或者跟上产业动态变动的趋势。

技术的变革、顾客需求的变化，尤其是某些竞争优势可能被竞争对手模仿，都增加了保持竞争优势的难度。所以，管理者在保持公司竞争优势的同时，还要设置某些障碍使仿制难以得手，以减少竞争对手的可乘之机。

当今产业行业中，被运用最广泛的建立竞争优势的途径便是TQM，即全面质量管理。TQM专注于质量和持续的改进活动。一家企业满足顾客对质量的需求能够达到何种程度，它的与众不同就达到何种程度，顾客的忠诚度就能保持到何种程度。而且，持续地改进产品或服务的质量及可靠性，可以使竞争对手难以模仿企业的竞争优势。

赫尔曼·马斯于1986年出任通用汽车公司在密歇根州弗林特市的别克厂的总经理。此时的别克车在历次质量调查中都名落孙山，马斯明白自己必须迅速采取行动。马斯引入了基于团队作业的制造过程，使得工人能够控制生产过程并且会主动关注每一个细节。别克厂这种自动进行的质量改进活动，促进了工人们之间互相分享好主意，并在同伴们的建议下行动。马斯采取这一行动的结果是，别克连续在顾客满意度调查中排在国内商标的首位，这使得别克厂制造的轿车在不景气的汽车市场取得了非凡的销售业绩。

通过 TQM 来建立竞争优势的方法，使得公司管理者和员工将注意的焦点转向市场和顾客，并在公司内部培育开放的和相互信任的企业文化，追求使顾客、供应商、员工和股东满意，从而形成一个项目接一个项目的持续的改进运动。

当然，建立竞争优势绝不仅仅是这一种方法，但不管企业将采取何种方法建立竞争优势，都必须明白，只有选择了正确的竞争战略，企业的发展才能与组织和产业的形势相适应，才能在市场中获得并保持竞争优势。

05 计划要根据实际环境调整

应势而生是企业生存的基本，顺势而为则是企业发展与壮大之必须。竞争环境时刻处于变幻莫测之中，企业必须根据市场与环境的实际情况，对既定的策略、计划进行及时的变更，以顺应时势的发展。这是企业在变化之中不断做大做强自己必须遵守的一点。

关注外界变化，重视信息搜集

今天的企业不仅要与国内的大企业竞争，还要面临来自国外的竞争者。如果你经营一家服装厂，你必须与来自法国、美国的产品竞争，而不仅仅只是邻近的服装厂，因此你的产品要比那些拥有更多资源的大企业更有价值才行。这就迫使企业在短期内做出更加富有成效的工作，没有充足及时的信息是不可想象的。

我们也很难想象，一个“两耳不闻窗外事”的管理者能获得什么有用的信息，做出什么正确决策来。

某市有一糕点厂，他们生产的点心口感不错，价格也很便宜，但销路却不畅。眼看着生产出来的点心一天天积压，厂长只得下令停产。后来，又过了三个月，厂长听销售科长说可能是包装存在问题，于是未经任何调查便重新上马生产点心，并换上了精美的包装。结果，没想到这次点心销路竟出奇的好，厂长心里也乐开了花。

这位厂长在决策时并没有掌握市场上任何实质性信息，而仅凭销售科长的一个可能判断，即使侥幸成功，也是“瞎猫碰上了死耗子”罢了。

信息化潮流已经到来，世界经济格局正在发生重大转变，出现了经济的全球化和一体化趋势。同时，信息化潮流也给广大企业带来机遇，尤其是对企业发展高科技十分有利，不重视信息的企业将寸步难行。

在信息化时代，企业在获取信息方面，其实更有着得天独厚的优势：

——移动互联网的崛起，从根本上改变了以往中小企业获得市场信息落后于大企业的状况。在因特网这个世界上最大的信息交换中心面前，中小企业同大企业获取信息的机会是平等的。

——高科技的日新月异，技术成果的加速商品化以及高效自动化生产手段的普及，削弱了规模经济的优势，中小企业比大企业更有可能在同等生产条件下实现低成本，迅速向潮流化、个性化的国际市场发展，而大企业难以适应，中小企业在这方面却有着得天独厚的优势。

——现代信息科技将彻底改变各企业经营方式及竞争形态。透过电子信息网络，规模很小的企业也可以发挥很大的力量，而且可以轻易在全球市场与大型企业竞争。事实上，信息科技产业本身也是一种脑力密集的创新导向产业，十分适合企业投资发展。因此，能够充分发挥信息科技优势的企业，必将是未来市场最具有竞争力的企业。

然而，令人遗憾的是，许多企业却未能充分认识和抓住这个时代的契机，尽管他们已经意识到信息的重要性，但信息的收集方法和渠道依然偏重于传统形式。

调查显示，企业24%信息来源靠买方提供，17.1%的信息来源是“与同业人员交谈”，15%的信息来源是“阅读报纸杂志”，看电视听广播和委托专门的市场调查公司获取信息的比例分别为13.4%和11.4%。事实上，随着移动互联网技术的不断发展与进步，我们可通过网络大平台来获取相关的信息数据。

市场经济环境下，企业是否具有及时获得信息的能力至关重要，因为它决定了企业决策的及时性和准确性。竞争环境日益复杂多变，私营领导管理者若对外界变化麻木不仁，危机顷刻就可能降临。

有这样一个故事：

一只青蛙在加热的水锅里游玩，水温在20℃到30℃的时候，青蛙在水里没有任何异样的感觉，觉得很舒服。到40℃的时候它感到有点热，到50℃的时候青蛙感觉很热，觉得还能坚持。温度在上升，水到70℃，青蛙开始后悔自己应该早跳出去，但现在它已经浑身发软，再也没有力气跳出去了，最后成了一锅蛙汤。

这只青蛙的命运是很悲惨的，这就是因为它忽视了外界的变化，而葬送了自己的生命。经营企业也是这样，有时候由于发展太顺利了，往往就容易忽视外界环境的变化，丧失了改进的时机，结果就不明不白地灭亡了。

的确，在企业蓬勃崛起的 20 世纪八九十年代，中国的市场给了人们太多的机会。因为中国的市场太贫乏，太需要物品的充实了，面对不成熟的市场，不成熟的消费者，似乎只要敢干，敢豁得出去，做什么都是财源滚滚，那是一个敛财暴富的年代。

有一位做服装生意的福建管理者就是在这种情况下很快聚积起几百万资产的。他回忆起当时的情景说："每天半夜，门外就排起了货车阵，等着装运服装，且都是现金交易。"

抓住了时代机遇的创业者们获得了迅速的成功。报表上迅速爬升的销售额和利润额足以显示其业绩骄人、经营一路顺风，命运之神向他们绽开了微笑。很多企业开始盲目乐观，忽略了经营上的缺陷以及市场需求的变化。结果，才有了后来的大批企业倒闭关门的悲惨景象。

因此，在经营企业时，管理者要眼观六路，耳听八方，时刻关注外界环境的变化。

及时调整策略适应环境变化

永远不会改变的只有变化。企业策略必须随着环境的变化而灵活调整，这样，才能保证企业在变化的环境中立于不败之地。

兵无常势，水无常形，企业管理决策也要时刻强调一个"变"字。管理者要灵活机动、因人制宜、因时制宜、因地制宜，灵活而不固守，权衡轻重，随机应变，只有这样，企业才能在变化的环境中立于不败之地。

孔子东游时来到一个地方，感觉腹中饥饿，就对弟子颜回说："前面一家饭馆，你去讨点饭来！"颜回就到饭馆，说明来意。那饭馆的主人说："要饭吃可以啊，不过我有个要求，我写一字，你若认识，我就请你们师徒吃饭，若不认识，则乱棍打出。"

颜回微微一笑："主人家，我虽不才，可我也跟师傅多年。别说一个字，就是一篇文章又有何难？"

主人也微微一笑："先别夸口，认完再说。"说罢拿起笔写了一个"真"字。

颜回哈哈大笑："主人家，你也太欺我颜回无能了，我以为是什么难认之字，此字我颜回5岁就认识了！是认真的'真'字。"

店主冷笑一声："哼，无知之徒竟敢冒充孔老夫子门生，来人，乱棍打出。"

颜回回来见老师，说了经过。孔老夫子微微一笑："看来他是要为师前去不可。"说罢来到店前，说明来意。那店主一样写下"真"字。

孔老夫子答道："此字念'直八'。"那店主笑道："果是夫子来到，请！"就这样吃完喝完不掏一分钱走了。

颜回不懂，问"老师，你不是教我们那字念'真'吗？什么时候变'直八'了？"

孔老夫子微微一笑："有时候一些事是认不得'真'的啊。"

孔子的灵活与变通正是企业发展之所需。面对日益变化的环境，领导者需根据环境的变化对企业策略做出相应的调整。

随着时代的变迁，经营环境、市场环境发生了根本性的改变。想要掌握环境变动下的商机，并始终保持市场永续经营，企业就必须跟上时代潮流，学会适应环境的变化，而不是一味消极地试图抵挡此潮流。

企业能否根据自身的不同情况，确定不同的经营管理模式，并随时根据环境条件的变化加以调整，既是对企业领导经营管理素质和能力的考验，也是企业能否做大做强的重要因素。

包玉刚在初涉航运业时，多数船主采用的是“散租”的方式，这种方式租期短，可根据运输行情变化及时调整租金，在航运兴隆时期最容易赚钱。

在20世纪60年代航运巅峰时期，挪威船王耶土坦只散租了一程由波斯湾到欧洲的短途运油线就赚了500万美元。而包玉刚却不赚这种厚利，摒弃了“散租方式”，而是采取了“低廉租金，长期租赁”的经营方针。包玉刚的做法受到许多船主的嘲笑，说他是“初出茅庐的傻瓜”。

包玉刚真是其他船主所认为的傻瓜吗？不，绝不是。包玉刚是在冷静分析内外环境以后作出这一决策的。他说，做任何事情，每个人都必须根据自己的实际情况决定行动方针。一些航运公司有许多老关系、老客户，甚至有国家作后盾，所以，他们不明白担风险，可以采取“散租”方式。而我们完全是靠自己的力量起家，对造船和航海知识几乎一无所知，也没有相对稳定、熟悉的客户，经不起大的风险，弄不好，连饭碗都砸了，不能不谨慎从事。

“散租”虽然赚钱多，但风险也大，一旦船租不出去，船东就要遭受巨大的经济损失。一艘巨轮即使一动不动地停在海上，每天开支就需要几万美元。

事实证明，包玉刚的分析是正确的。航运业风险很大，价格几次暴涨暴跌，那些追求短期暴利，采取“散租”形式的船东在航运业衰退时往往难以为继。例如 1975 年世界航运业出现衰退，挪威船王耶土坦的十几艘巨轮无人租用，使 77 岁的老船王如坐针毡。而包玉刚的船租期一般为 4 ~ 5 年，市场波动对包玉刚影响不大，可稳获租金。

当航运业低潮过去之后，一些船东也学包玉刚的方法，实行“长租”的经营方针。而这时包玉刚却反其道而行之：新船出租，旧船自营。因为新船租金高，而旧船自用，效果一样。他认为：现在情况不同了，船队扩大了，不能再实行全部船只出租，必须自营一部分，以便熟悉航海业务，航运价格高时可赚大钱，价格低时稳收租金。更重要的是，如果要实现自己的“世界船王”梦，光靠租赁公司是不行的，还必须拥有自己庞大的海运王国。

包玉刚就是这样认真分析自身条件和客观环境，选择同客观条件相适应的经营方针，当行则行，当止则止，当变则变，既不随大流，也不沉迷于自己的成功经验，仅用了20年的时间，就登上了世界船王的“宝座”。到1977年，他的环球航运集团的总载重为1347万吨，居世界十大船王之首。

由此可见，企业经营环境的变化无所不在，而且其动态的外部环境中任何一个因素都可能发生变化，或大或小、或早或晚、或直接或间接地对企业的生命周期及其各阶段产生不同程度的影响。企业要想在复杂多变、竞争激烈的经营环境中保持长盛不衰，就必须适应外部环境和内部条件的变化，及时调整企业的既定目标、计划、战略与策略，采取有效的对策和措施。因此，企业经营者必须具备洞察先机的智慧。

回顾过去几十年经营环境的变化，可找出未来20年的环境脉动：

1、全球经济

时代演变至此，全球的市场竞争压力不再只有从事汽车和电子等跨国企业才能感觉到。面对这一全球性的竞争趋势，小企业亦感同身受，因此，企业经营者必须坦然接受此一趋势，并且积极地在全球的竞争环境下找寻商机。

2、品质第一

以前，顾客对商品品质并没有严格要求，但是，现阶段的消费意识已迥异于往日，讲究品质，将是市场大势所趋。供货能力。供货能力和商品品质、价格同等重要，都是顾客决定是否购买的重要参考因素，因此，类似“零库存管理”的系统，即使成本稍微贵些，但为了能够确保快速、准确的供货，小企业也有必要采用。

3、讲究售后服务

以前的业务员，只要出门拜访顾客，订单便可轻易到手。现在，业务员发展业务必须注重与顾客维持良好关系，接订单只是行销过程中的一个环节而已，最关键的还是对顾客的服务承诺。

4、行销技巧

以前的业务人员可以凭借三寸不烂之舌取得订单，而现在的业务员则必须是位忠实的听众，了解客户的需要或难题，并设法予以解决，只有这样才能与客户维持良好的关系。

5、管理技巧

以前的企业经营者可以说是个自我主义的独裁者，可是，现在的企业经营者必须懂得激励员工、关怀员工，并全力以赴地投入到企业的营运中。

6、重视员工权利

以前的企业经营者可以依个人好恶行事，可是现代的企业经营者则必须受到政府规范和保护的员工权利，并且切实遵守。

7、法治社会

以前的企业管理者聘用律师只是为了协助申办执照等事宜，现在是法治社会，凡事讲究依法办事，劳资法律争端比以前显著增多，企业管理者必须增强法治观念并妥善应对。

8、员工认股

以前没有这种提法，但是目前鼓励员工士气的“员工认股计划”在西方国家已经非常流行；在中国也已是大势所趋。

9、资讯普及

由于电脑科技发达，现在的资讯已经非常普及，在资讯爆炸的时代里，各种资讯随手可得，而且非常便宜。企业经营者必须懂得过滤不必要的资讯，并予以综合整理、归类，以利于企业经营。

10、政府政策

政府对企业的法规很多，凡是有关员工权利、商业行为、营业税法等，都有法律加以规范，而且，这种规范将会越来越严格。企业经营者必须了解因政府法令规范衍生的经营成本，以及可能导致缺乏营运效率的问题等，并妥善谋划。

11、融资

以前，企业经营者只要找对人，找对商机，筹措资金就相对容易，可是，目前的金融机构和投资人对融资要求相对苛刻很多。尽管现在资金取得不易，可是一旦能够取得资金并投入营运，企业管理者支付的资金利息将比以前低许多，年利率20%的时代已经过去了。

12、企业责任

现代的企业经营者必须担负回馈社会的责任。

据此，企业管理者在规划战略，进行决策时，必须充分考虑到这些变化和趋势，并灵活变动，及时调整，以使企业决策适应外部环境。能够适时而又准确地适应外部环境，企业便可获得丰厚的利润，在发展中规避更多的风险。

以差异化填补市场需求

在产品日益同质化的今天，只有走差异化战略，创造独特的产品，企业才能赢得绝对的竞争优势。

日益激烈的市场竞争，使得产品逐渐走向同质化。在几近饱和的市场中，要想生存下去，并赢得绝对的竞争优势，企业就必须走差异化的发展道路。只有这样，企业才能创造出属于自己的独特产品，建立起产品的竞争优势，从而找到撬动市场的支点。

在香港有一家小型的皮鞋作坊，父子俩经营，厂店合一，手工定做皮鞋。虽然作坊很小，但他们的名气却远远超过了老人头等这类世界名牌，李嘉诚、金庸这些名人都曾是他们的客户。原因正是他们追求差异化，以自己独特的产品满足了市场的需求：根据每个人的脚形制作皮鞋，穿着极为舒适。类似这样的小型作坊，甚至称不上小企业，世界上还有不少。比如制鞋大国意大利，60%的名牌鞋出自小厂，有 80%的这种小厂，工人在 20 人以下。

一个小型作坊尚且明白特色产品对自己生存的重要性，优秀的企业就更应该明白有差异化的产品对自己意味着什么。所以，一个真正的企业要想做大做强自己就必须制定差异化的发展战略，寻求市场的空白点，创造出区别于其他同类产品的特色产品。

小企业投入产出规模较小，资本和技术构成较低，因而竞争能力、抗风险能力也相对较低，特别是一些小企业集中在技术含量低、生产工艺简单的行业，无力实施低成本战略，所以，差异化战略他们生存的明智之举。此外，在激烈的市场竞争中，降低成本终归是有限度的，但差异化会随着品牌的深入人心而不断增大。根据目前商品生产重合度过高导致商品市场供过于求的现状，采取差异化战略是企业做大做强必需的、首要的发展战略。东京迪士尼乐园便是在保持持久差异化战略的条件下走向强大的。

1983 年始建于东京的迪士尼乐园，经过几十年的发展之后，变得更加强大和繁荣了。去东京旅游，最不能错过的景点之一便是迪士尼乐园。在世界上迪士尼乐园早已闻名遐迩，它不但是小朋友向往的天堂，就连成年人进入乐园都会不由自主地被乐园里的欢乐气氛所感染。所以，尽管近几年来，虽然日本的经济出现了相对的下降，人们娱乐活动方式也开始不断翻出新花样，但迪士尼乐园仍然以它独有的风格吸引着人们的好奇心和钱袋。

以一组统计数据为例，迪士尼乐园的参观人数呈逐年上升趋势。始建的1984年约为1000万人次，1990年达到了1588万人次，1995年为1699万人次，2001年的时候已增加到2205万人次了。与日本经济发展的不景气和同行业越来越激烈的竞争相比，这样的发展速度着实让人叹服。

而人们之所以被迪士尼乐园所吸引，正是因为迪士尼乐园与其他娱乐活动相比较具有别具一格的特点。迪士尼乐园致力于园内景观和娱乐活动的不断丰富和创新，他们不惜花费重金聘用国际上著名的建筑设计师，设计出世界上独一无二的园内建筑物，并且，还引进先进的高科技技术，并把这些技术融合在乐园景观和演出中，让人们产生恍然与世隔绝的感觉，从而在人们心目中形成了一种印象，那就是：这里有现实生活中无法体验到的新奇与惊险。在这里，人们可以得到最大限度的放松，尤其是那些整日穿梭于都市水泥丛林中的人们，他们完全可以像回到了童年一样放声欢笑和自由奔跑。而且，还可以享受著名设计师所带来的视觉上美的享受。

迪士尼乐园的长盛不衰与其自身的经营管理制度也是有很大关系的。他们给自己制定出了4个必须遵守的原则：必须确保游人的安全；礼貌周到的服务；确保演出与设备正常运转；快捷的服务。自1983年建园以来，迪士尼始终都坚持着这4个原则，也正因为这样，迪斯尼乐园无论在什么样的经济环境下，无论遇到什么样的竞争对手，它都依然保持自己独有的优势地位。

迪士尼乐园从来都没有因为它所取得的骄人成绩而自我满足，它始终都在不断地寻找和发现创新的缺口。面对娱乐业激烈的竞争态势，为了使自己的园区更加具有特色，迪士尼对园内原有的建筑和游乐设施进行了重新的划分并组合成7个大的景区，这7个景区都具有他们各自的特色主题，从而可以方便游客们根据自己的喜好有针对性地进行参观和游玩。同时，迪士尼也很注重周边环境和园区内设施的建设，从而使前来游玩的游客很容易就感受到迪士尼的与众不同，并给游客们带来了很大的方便。2001年，以海洋为主题的东京迪士尼海上乐园粉墨登场，这无疑成为东京迪士尼乐园差异化策略的又一点睛之笔。

当一个企业向其顾客提供某种独特的有使用价值的产品而不仅仅是价格低廉的产品时，他就已经让自己区别于其他竞争对手。同时，差异化可以使企业获得溢价，即使在周期性或季节性经济萧条时，也会有大量忠诚的顾客，正如东京迪士尼乐园一般。如果实现的溢价超出了为使产品独特而追加的成本，则差异化就会带来更高的效益。

企业实行的差异化战略，即企业在生产经营过程中，将充分发挥和运用其产品或服务独特的某一部分直至全部不同于其他企业的产品或服务的优势。差异化战略可以在许多方面表现出来，如技术特点、性能特点、品牌形象、独特的顾客服务和销售渠道等。企业实施差异化战略，不但要与竞争对手有差异，还要通过差异化树立起一个有效的壁垒，使竞争对手在一段时间内难以进行模仿。

实施差异化竞争，首先要符合自身的资源状况，保证有效的资源配置。其次要找准市场的差异并为己所用，企业领导者必须具备分析研究市场、开发填补市场空白的能力，打破思维定式，通过充分的市场调查，挖掘别人忽略的市场空间。

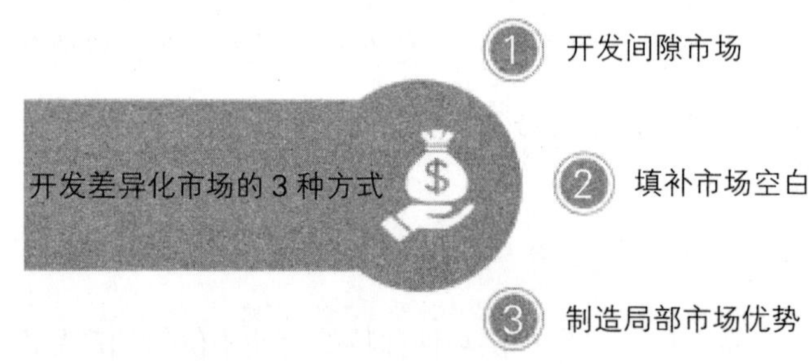

企业可以从以上以下 3 种方式着手。

1. 开发间隙市场

开发间隙市场是一种特殊的市场细分战略。企业应尽力避免与众多竞争对手“同场”竞技，而应集中于一种具体的目标细分市场。开发间隙市场，选择市场是关键。对于企业来说，选择一个专业市场并不是唯一可能的战略，发现一个可开发利用的潜在市场才是一个实用性策略，它可以使企业在大的竞争对手的间隙中生存。许多企业由于错误的市场定位，或在目标市场的顾客中缺乏可察觉的优势而失败。为了减少失败的可能性，小企业必须把力量集中于一个细分市场，关注产品的优越性，而不只是领先于竞争对手。

2. 填补市场空白

市场是由形式多样、需求各异的顾客群体组成的，并且这种消费需求随着时代的发展在不断地变化。因此，无论多么完善、多么成熟的市场都不可能长期不变。市场差异始终存在，商机随处可见，即使是传统产品，企业领导者也大可不必显得无所适从，关键在于你如何填补市场空白，或是市场中的空白区域。

填补市场空白可以采用市场细分的方法。市场细分就是依据顾客需求的差异性，把某个产品的整体市场划分为若干个顾客群体的行为或过程。实践证明，只要广开思路，寻找差异，将差异市场培育成型，完全可以在成熟市场中开辟出一片新的天地。但是，独特性必须是对顾客有特殊价值的，否则就不会带来差异化的价值。一个成功的具有差异化的企业拥有为其顾客创造价值的特殊方式，这些方式能带来超出所增成本的溢价，在当前买方市场的情况下，企业必须注意这一点。

3. 制造局部市场优势

企业要通过开发新产品和不断改进旧产品，经常地建立新的局部市场优势，对每一个新创的或成熟的产品不断增加附加值，以达到或维持其真正的差异化。任何一种产品，不管如何平常，均可变成一种高附加值产品，根本不存在不能实行差异化的产品。在当今复杂多变的经营环境里，企业必须抛弃故步自封的心态，学会模仿、修正及改进新旧产品的本领，从而创造出差异化产品。

所以，无论是从竞争角度，还是做大做强自己，企业都必须寻找市场中的空白点，制定差异化战略，以独特的产品打败竞争对手，引领市场。

06 寻找市场发展空间

以硬碰硬、一味地在已经饱和的市场中，寻求自己的一席之地，已经不是现代企业生存与发展的方式。面对已经饱和的市场，企业只有避实击虚，寻找到适合自我发展的市场空间，方能在激烈的市场竞争中，开拓出一片属于自己的天地。

避开已饱和的市场

市场永远没有过错，有错的只能是企业。企业强行进入已经饱和的市场，必定会难上加难，相反，如果能够避开这点，在市场的空白区域建立起自己的优势，那么，必能满足市场之需，做大做强企业。

在市场经济条件下，所有的商业活动几乎都必须围绕着市场转。如果市场已经饱和，那么企业就必须考虑如何在饱和的市场中寻求到自己的一席之地，而这必然异常艰难，而如果避开饱和的市场，另寻他路，开发出市场没有的产品，占据市场的空白点，那么，企业便会在最短的时间内建立起自己的优势，从而领先于其他竞争对手。山姆·沃尔顿正是巧妙地避开了已趋近饱和的市场从而建立起了自己的连锁王国。

作为一个想要做大做强自己的企业以及企业领导者来说，山姆的沃尔玛王朝为他们树立了最好的典范。山姆·沃尔顿采取了农村包围城市的战略，从普通走到了优秀，从优秀走到了强大。

山姆的妻子海伦喜欢小镇生活，于是，1945 年，山姆便选择在新港小镇开店。而正是这个看似偶然却绝非偶然的机会，让山姆看到了别人看不见或是不入眼的发财机会。自此之后，山姆一直将小镇和小城郊区作为开店选址的金科玉律。这一战略使沃尔玛在相当长的时期内远离大城市的残酷竞争，在不为人所注意的时候悄然长大成林。而且，在二战之后一次又一次的经济萧条中，沃尔玛的销售额不但没有下滑，而是一次又一次大踏步前进，为什么？因为大城市的零售公司都陷入了恶性价格战的泥潭，而在小城镇，沃尔玛因为没有竞争对手而得以幸免。

沃尔玛在壮大之后对大城市中心还是不感兴趣，即使开店也只选择郊区的公路旁，这迎合了美国城市人口从市中心迁往郊区的潮流。正确而独特的经营策略，使沃尔玛的经营逐步走上了正轨，而且出乎意料地红火起来，这更坚定了山姆创业的信心。他决定搞连锁经营，扩张企业规模，逐步将沃尔玛发展成为大型的连锁商业零售企业。

在扩张战略的选择上，精明的山姆冷静分析了当时的市场分布情况，没有像其他企业那样重点在大城市布局，而是避开已经趋于饱和的市场竞争，走“农村包围城市”的道路。为此，他主要选择在小城镇和城市郊区布点。

那么，究竟该怎么去做呢?

在这方面山姆有独到的想法。他认为，小城镇和城市郊区商业之所以缺少竞争，具有巨大的消费潜力和别人看不到的发财机会，主要源于农民和小城镇居民的购买习惯，他们一般更愿意在当地购物，而不是长途旅行到大城市去买东西。另外，小城镇还有其他优势，如土地、租金、营运费用等都较低，而且员工稳定，极具奉献精神。

这一点在沃尔玛发展的早期尤显重要，因为那时他的商店实力弱、竞争力不强，如果扎入大城市商业密集区，必定是以卵击石。

此外，山姆还考虑到，在零售业市场上已经存在像凯玛特、吉布森等一大批颇具规模的公司。这些企业将市场目标瞄准大城镇，绝对不会像沃尔玛商店到十分不起眼的小镇去开店，他们认为那里没有零售业市场，就是地方性连锁的、较小的商店开店标准，也认定要在有10000人以上的城镇。

山姆·沃尔顿正是敏锐地把握住这一有利商机，开始发展自己的事业。当时随着城市的发展，市区日渐拥挤，市中心的人口开始向市郊转移，而且这一趋势将继续下去，这给小镇的零售业发展带来了良好的契机；同时，汽车走入普通家庭增加了消费者的流动能力，突破了地区性人口的限制。用山姆的话说就是“如果他们(消费者)想购买大件，只要能便宜100美元，他们就会毫不犹豫地驱车到50公里以外的商店去购买”。小镇上的这种强烈需求为沃尔玛奠定了创立和发展的基础，同时，竞争对手对该市场的忽视进一步加速了沃尔玛的繁荣。

山姆采取的策略就是首先进军小镇，占领小镇市场，再逐渐向全国推进，以形成星火燎原之势。具体实施时则以州为单位，抢占几个小镇为“据点”，然后一点一点地填满，直到整个州的市场饱和，再向另一个州扩展。就这样，从一个镇到一个州，从一个州到一个地区，再从一个地区推进到全国。在这个过程中，山姆坚持即使少于5000人的小镇也照开不误。这就为沃尔玛的扩展提供了更多的机会，而这些机会正是凯玛特这样的大型廉价商店拱手让给竞争对手沃尔玛的。山姆成功地利用了小城镇这个被其他零售商店所遗忘的细分市场，同时又避开其他零售商的激烈竞争。

在山姆采用该战略之初，许多零售业同行将沃尔玛描绘成一群偶发奇想而进军小镇的“乡巴佬”，然而正是这群“乡巴佬”迅速发展成燎原之势，在悄无声息中占领了全国市场。山姆的战略大获全胜。

山姆采取的策略就是先向外抢占据点，再向内填满，最后全面占领市场。在折价售货刚兴起的年头，有很多具有分销系统的全国性的大公司如凯玛特等，都是以建立全国性的连锁网络而屹立于市场。当然，早期的沃尔玛没有能力那么干。当这些零售业的大公司从一个大城市发展到另一个大城市时，他们变得太过于分散，并且陷入了不动产、分区规划和地方政治的漩涡之中，反而把大城市以外的大好机会拱手让给了沃尔玛。沃尔玛的发展战略就这样应运而生。

同时，沃尔玛开店还有一个原则，就是必须有分销点或叫仓库，可以照顾到相关的分店，而总公司要确实能掌握每家分店的运转情况。他们希望每家分店都在地区经理以及总公司的控制之下，这样他们随时都可以到那儿得到必要的照料和支援。每家分店与仓库之间的距离不能超过一天的车程，这样商品的供应和补充才不会发生问题。他们就是这样，以州为单位，一镇接一镇地去填满，直到整个州的市场饱和之后才向另外一个州继续发展。当沃尔玛在阿肯色州西部的市场饱和后，便转向了俄克拉荷马州，然后再是密苏里州。他们一个地区一个地区地依次开发。

但这并不表示沃尔玛会以这样的保守方式继续下去，有时他们也会跳跃式地开发，例如，在路易斯安那州的拉斯顿开设了第 23 家分店时，发现在本顿维尔与拉斯顿之间的南阿肯色尚无分店，于是就回过头来在南阿肯色设了点。

当然，沃尔玛并非只想把市场控制在城镇地区，他也想扩展到大城市。只不过他并没有立即把分店开到市中心去，而是经过周密的考虑，先在大城市周围一定距离内发展分店，然后，静候向城市发展。沃尔玛最早以塔尔萨作为了试点，而这个方法被证实可行而且十分有效。之后，他们便把分店延伸到了密苏里边上的沃伦斯堡、贝尔顿、格兰德维尤。

在其他地区，沃尔玛也如法炮制。在这种经营战略之下，沃尔玛商店迅速在美国开展起来。如今，它已经成为人人所知的零售业连锁巨头。

以低价侵占顾客心理

对顾客诱惑最大的永远是极低的价格，企业要利用此点，以低价侵占顾客的心理，用成本领先战略赢得销售上的竞争优势。

顾客永远是最挑剔的，高质量、低价位是让他们主动掏腰包的最大诱惑。为此，企业要最大限度地降低产品的价格，以低价侵占顾客的购买心理。以低成本领先竞争对手，即企业要以低成本战略抢占市场先机，取得产业中的领先地位。

企业规模无论大或小，都必须遵循利润最大化和资产最大增值的发展原则。对企业而言，数字永远是其决策的最大依据，用数字来驱动的决策，其正确性与合理性往往更高。企业决策者最关心的是企业的利润、市场份额、销售额等，这就需要把成本作为衡量的天平。如果企业具有持久的成本优势，就可以降低自己的支出，灵活运用价格战略展开市场竞争，使其具有更强的抗风险能力。

可以说，成本领先是极具竞争力的战略。美国沃尔玛连锁店公司是美国最大的也是世界上最大的连锁零售商，而它的成功正是运用了成本领先战略并予以正确实施的结果。

顾客总是很现实，他们的要求是用尽量少的钱买到需要的物品。沃尔玛对顾客的要求把握得非常清晰，几十年来，运用低价战略不仅仅为顾客创造了巨大利益，也迎来了自己的迅速发展。

第一家沃尔玛店开业的时候，即打出了“天天低价”的口号，而且在以后的几十年中一以贯之，卖得最便宜，在消费者中赢得了良好的信誉，也使自身保持了长盛不衰的竞争力。而当一种更低价格的仓储俱乐部渐成气候的时候，沃尔玛立即介入，并成了排头兵和垄断者。无论你迈入世界哪一国的沃尔玛，都会看见在醒目之处悬挂着“天天平价”“我们售价更低”“保证满意”等标语，昭示着沃尔玛低价竞销的经营理念。

1962年，山姆·沃尔顿及其兄弟开办了第一家沃尔玛折扣店时所提出的极具特色的经营理念“以低廉的价格、热情的服务招徕小城镇的美国人”就已深入沃尔玛灵魂。随着沃尔玛规模的扩大，沃尔玛的经营理念和营销策略得到进一步完善。如今，沃尔玛不仅从目标市场的选择、促销手段的运用、销售商品的定位、店堂设施和地址的确定等方面都围绕着低价策略展开，而且还以先进的经营理念、完整的企业文化、完善的运作体系、现代化的信息管理技术，保证低价格竞销的顺利实现。

沃尔玛与当地同类商店相比，其价格均低于一般超市20%～40%。在市场定位上，沃尔玛主要是以中低端顾客作为目标客户，其经营的商品是最流行的全国性品牌的优质商品，绝不经营劣质、不合格商品。沃尔玛的商品组合秘诀是：选择一些对消费者有一定影响力的大众化商品，通过大批量、规模化采购降低进价，再以明显低于当地市场的价格进行销售，从而产生较大的轰动效应，并带动其他商品的销售。这被称为重点商品低价促销策略，使其商品在消费者心目中形成价格非常低廉的印象。

在日常经营管理中，沃尔玛非常注意在各个环节节约费用开支，以低费用支持低价格：一是沃尔玛的商店装潢都比较简单。店铺大多设在租金低而交通集中的地区或公路旁，以此降低其固定费用；二是沃尔玛非常注重实效性，尽量节约广告费用，以降低商品价格，把用于营销的广告费以价格折扣的方式转移给消费者，使消费者得到真正的实惠，因而更能赢得消费者的信任；三是沃尔玛以科学严格的管理节约人力成本。沃尔玛的低价是成本节约的自然结果，是符合价值规律的一种行为。

天天低价的实行，实际上给沃尔玛带来了更大的收益。因为实行天天低价战略使得沃尔玛的销售额大大增加，也使得更有利于控制和降低成本。

沃尔玛的“女裤理论”是对“薄利多销”策略的最好解释：女裤的进价 8 美元，售价 12 美元，每条毛利 4 美元，一天卖 10 条，毛利为 40 美元。如果售价降到 10 美元，每条毛利 2 美元，但一天能卖 30 条，则毛利为 60 美元。

那么沃尔玛是如何做到“天天低价、薄利多销”呢？

第一，充分利用规模效应，降低采购成本。沃尔玛要求，供应商的报价必须是给其他商家的最低价，否则免谈。在此基础上，沃尔玛以进货量巨大、帮助供应商进入更大的市场、现金结算等三个理由，要求供应商降价 25%。巨大的规模和雄厚的资金实力使沃尔玛在谈判桌上取得了绝对的优势。这是沃尔玛公司的一贯做法。他们总是对供应商说，别把回扣算在里面，因为我们不那么做。我们也不需要你们做广告或送货。我们的卡车会直接到你们仓库装货。

现在，沃尔玛仍与普罗克特·甘布尔公司保持着良好的关系。这已成了一个众所周知的事例。他们学会了尊重沃尔玛。他们知道不能像对待其他人那样恐吓他们。当沃尔玛说要代表顾客的利益时，他们是十分严肃的。而且，规模效应根本上讲是多赢，为沃尔玛降低了成本，为供应商提供了更大的生产机会，同时价格的降低也给顾客带来了实惠。

第二，降低仓储物流成本。巨大的规模使沃尔玛的各项费用和成本在极大程度上被分摊。规模效应还给沃尔玛的存储和物流带来有利的机会。沃尔玛可以采取统一的地区性甚至全国性的物流中心负责统一配送，可以大幅度地降低物流成本。沃尔玛还有一个非常有意思的降低成本的办法，就是他的分店总是一个镇一个镇渐次建立，这样可降低运输成本和广告费用，因为新店总是在上一个沃尔玛店附近建立，往往并不需要再进行大规模的宣传。

第三，要严格控制经营成本。厉行节约是沃尔玛自上至下的风格。在沃尔玛中国总部，大家看到的是狭窄的过道和没有任何装修、素面朝天的办公大厅。在大厅内，随处可见"打 17909，长话可省钱"的提示；而沃尔玛国际公司总经理约翰·门泽尔和他的下属们至今还挤在一起办公，他的那间办公室小得可怜。山姆·沃尔顿的节俭更是出名，甚至他所驾驶的飞机没有一架是新买的。沃尔玛对营销成本的控制非常严格。沃尔玛的广告开支仅相当于美国第二大连锁店西尔斯的 1/3，每平方米销售额比美国第三大连锁店凯玛特高一倍。沃尔玛的营销成本仅占销售额的 1.5%，商品损耗率仅为 1.1%，而一般美国零售商店这两项指标的平均值分到高达 5%和 2%。这些都使得沃尔玛实施低价策略的实力进一步加强。

沃尔玛有一条规矩，将一般性管理费用严格控制在销售额的 2%之内，至今仍不逾矩。这是很不容易做到的事。例如，沃尔玛 1996 年至 1999 年销售量增加了 78%，而库存仅增加 24%。正是大规模和低成本构筑了沃尔玛的一大优势。

第四，严格选择商品，对商品优胜劣汰。每家店都要根据不同的地区和人文环境，根据顾客需求的变化，选择销售不同的产品。

这项工作的目的在于让货架上的商品永远都是适销的商品。沃尔玛每一家店对顾客的需求心理都把握得很准确，对商品的定位也非常恰当，这使得他保持对顾客的吸引力。

沃尔玛的“天天平价，始终如一”并不像其他商店一样，对一种或若干种商品低价销售，而是所有商品都以最低价销售；也不是在一时或一段时间内低价销售，而是常年都以最低价格销售；不是在一地或一些地区低价销售，而是所有地区都以最低价格销售。

沃尔玛在控制成本的基础上以最低的价格服务于消费者，这种低价的诱惑以及为顾客考虑的理念深深地印在了消费者的心里。可以说，沃尔玛把握住了消费者的心理，并且以低价侵占了顾客的心理。在此基础上，沃尔玛很快建立起了连锁零售王国。

所以，企业在以低价侵占顾客心理时，不能不顾及成本地以满足消费者的要求为目的，企业必须注重细节，精打细算，讲究节约，从成本上严格控制，在为消费者提供低价的同时，保证自己的盈利。

及时淘汰与更新产品

企业能否在市场中竞争中获胜，产品具有绝对的发言权，如果产品不能满足市场与消费者的需求，企业就只能面临淘汰的命运。所以，及时淘汰与更新产品就成为企业做大做强的前提之一。

企业与企业之间的竞争，产品起到了积极作用，企业能否在市场上立足，能否在未来的市场中做大做强，产品起着决定性作用。这也是企业管理者们源源不断地更新产品，优化产品的功能，推出新产品的关键原因所在。所以，作为一个企业经营者，要想把公司做大，绝对不能忽视产品的革新。如果缺少了这一点，那么，企业不仅做大无望，生存也将面临威胁。

新产品是赢得消费者的秘密武器，而是否具备革新产品的意识则是新产品面市的前提，因此，企业管理者与经营者是否具备革新旧产品，推出新产品的意识就成为影响企业做大做强的重要原因。

盛田昭夫和井深大在录音机上取得了一个小小的成功，但是他们没有被成功蒙蔽双眼，他们清醒地知道，要想开拓更大的市场，并在市场上站住脚必须不断地更新产品，抓住时机用新产品一举夺冠。

为了扩大公司实力，他们需要进一步研制更具吸引力的新产品。正在这时一个难得的机会来了，从太平洋彼岸传来一个信息：晶体管时代到来了，可是在美国西方电子公司仅仅把这种“好东西”用于助听器的生产。但是具有专业知识、对此有深刻研究、并受过高等教育的盛田昭夫井和深大闻讯后，敏感地意识到这项伟大发明的远大前景。于是，盛田昭夫向父亲借了 20000 美元，决意要把晶体管运用到自己的产品当中。

当时在日本，大多数人都不能理解晶体管，认为在它上面花 20000 美元，根本就如同把钱扔向大海，盛田昭夫被认为是他们家族的败家子！

可是，盛田昭夫和井深大不顾其他人的评论，依然坚持着自己的决定。多少个日日夜夜，他们经历着失败与痛苦一次又一次的打击和侵袭。终于在1957年，盛田昭夫和井深大研制生产出了世界上第一台袖珍式晶体管收音机。在广告中，他们强调这种收音机的携带方便——可放在口袋里。而为了突出这一点，他们规定公司所有的销售人员都必须穿上他们特制的衬衫，以便可以将这种收音机轻松地装下。

新一代的收音机诞生了，为了给它取个响亮、易记的名字，盛田昭夫和井深大颇费了一番脑筋，最后决定用世界上通用且不会读错、易记的"SONY"命名，其含义是由拉丁文的"SONUS"(声音)和英语的"SUNNY"(聪明可爱的小孩)两词合并而成。自此，"东京通讯工业公司"也改名为"SONY'公司"，即"索尼株式会社"。

200万台"SONY"牌袖珍式晶体管收音机刚一投放市场，就受到众多消费者的青睐，出现了抢购的热潮。销售额高达250万美元，而这个数字正好是购买专利所用资金的100倍。

从此"索尼"的名字也走上了世界舞台。1958年1月，索尼公司以"索尼株式会社"命名的股票在东京证券交易所正式上市。这时，日本和美国的众商家们才恍然大悟，可是为时已晚，市场已经被"索尼"抢先占领了。

但是索尼公司并没有因此而停止对产品的革新。继袖珍式收音机推出后，"索尼公司"先后又推出了许多"第一"如：第一台8

英寸电视机、第一台录音机等。无论在技术上还是产品质量上，“索尼”公司都彻底改变了“日本制造”的根本性含义。在此之前“日本制造”代表着廉价低质的烂产品。“索尼”诞生后日货的形象一下子飞跃到“高质量”的地位。1975 年，索尼又推出了“贝塔玛斯”家用录像机。这些家用设备的推出，使得人们的生活也发生了巨大的改变。

到目前为止，索尼在世界上创造出了多少个奇迹，已经没人能说清了。在生活上也给人们带来了巨大的改变。盛田昭夫公开断言：1976 年将被后世尊为“录像机元年”。这在当时，全球刚刚渡过经济危机，各方面才开始恢复元气。盛田昭夫的这一想法不但没能引起同行的共鸣，反而被讥笑为“盛田昭夫的独角戏”。可是，后来家用录像机迅速发展的事实印证了盛田昭夫想法的正确性，令对手们自愧不如。

翻开当今企业巨头的成长与发展史，便会轻易地发现，他们壮大的过程其实也是不断革新产品一个过程。而这也是他们为什么能够比同行业其他企业更快速成长与发展的最好解释。

可见，新产品的诞生，是一些企业，特别是一些中小企业一炮打响的关键所在，而且在一定时期内，新产品也会为他们创造了相当可观的利润。然而当企业赖以发展的拳头产品由于遇到竞争对手的阻击或者因市场饱和而不再快速增长时，一些企业却未能及时推出换代产品或者开发出更多能支撑企业发展的新产品，而被对手挤下了市场舞台。

那么,到底是什么阻碍了企业开发产品的进程呢?一般情况下,企业革新产品主要存在下列几个问题:

其一,新产品推出时间越来越长,上市时间总是一推再推。新产品开发投入的技术人员比以前多了,但研发效率并没有提高,投入的增加并不能使新产品开发按计划完成。

其二,成功的新产品很少。新产品开发了不少,产品品种比以前增加了,但成功的很少,能够支撑企业实现跨越式增长的明星产品就更罕见。

其三,夭折的产品很多,研发浪费严重。企业研发投资增加了不少,研发队伍也扩大了不少,任何时候都有很多开发项目在进行,但相当多的项目根本没有上市的机会,要么无限期延迟,要么中途被取消,造成严重的浪费。

其四,产品质量无法保证。产品上市后问题多多,研发队伍常常扮演救火队的角色,正常研发工作受到干扰,研发进度无法保证,研发效率低下。

面对这种情况,企业又要如何避免这些问题,及时地推出新产品,以持续提高自己的竞争力呢?

引入优秀的研发思想,重组研发流程,重塑研发体系无疑对小企业的持续成长具有重要意义。

建立以产品平台为重心的规划过程,将关注的重心转移到产品平台上来,强调对产品平台的规划和建设,在产品平台基础上发展产品，提高产品开发效率，缩短产品上市时间。

建立技术评审制度，确定产品开发过程中的技术评审以及评审要素，建立技术评审组织。通过技术评审提高技术运用的合理性，规避技术风险，提高产品质量。

建立产品开发项目组织模式，明确职能部门对各个项目的任务，明确项目小组各个角色的任务，给予项目负责人充分的授权。

建立产品决策评审制度，分阶段对产品开发进行评审，强调前期的产品策划和市场分析工作，明确前期业务计划的内容和责任主体，建立产品决策评审团队，承担业务决策的任务，在各个阶段结束时决定产品开发是否继续，决定产品开发资源投入和分配，决定产品的优先排序等。通过产品决策评审确定公司重点扶植的项目，充分评估产品的市场机会和风险，尽早淘汰风险高、机会小的项目，提高新产品成功率。

建立配套的绩效管理制度，通过绩效管理引导产品开发人员关注产品的整体成功而不仅仅是功能的完善，关注平台建设而不仅仅是单个产品的开发。

如能到以上几点，企业便可及时革新产品，将其推向市场，从而持续增强自己的竞争力。

07 准备好备用方案

在风云变幻的市场中，企业可能遇到多种不利于发展的情况，所以，在问题出现前，企业一定要提前进行科学预测，并制定决策，准备好备用方案，未雨绸缪，这样,企业便可镇定应对可能出现的情况。

凡事预则立，不预则废

凡事预则立，不预则废，在制定每一项决策时，只要做好了各种准备对策，那么企业面临各种变化时就能迅速适应并灵活应付，从而使自己尽快摆脱不利的处境。

在商业竞争中，企业将面临的问题与困难是未知的、不可预测的。但是企业只要在这些问题出现以前，做好充足的准备，便能在问题真正来临时镇静应对，从而不至于处于荒乱之中。

所以，在经营活动中，企业的决策者在作一项决策时，必须准备好应变之策。在现代商战中，企业一个新项目的立项，新产品的研制，一个新市场的开拓，往往需要企业经营者的深思熟虑，科学预见，长计划短安排，做好充分准备，这样才能在激烈的市场竞争中立于不败之地。《商用经典谋略》一书中所介绍的福特公司“日薪五元革命”便向现代企业做了最好的证明。

福特汽车公司成功推出T型车后，立刻成为市场上的抢手货，第一年就销出6000部，创下历史最高纪录。以后每年都几乎以比上年翻一番的速度递增。到1913止，福特汽车公司的T型车生产了近20万辆，全部销售一空，而市场依然供不应求。福特汽车公司的事业如日中天。

这时，1914年初的一个周末下午，福特由他刚满20岁的独生子埃德赛尔陪着，到工厂巡视。随着生产规模的不断扩大，产量的提高，工人们休息的时间越来越短，他们周末不能放假，连星期天常常也要用来加班。福特与他的儿子巡视完工厂后，埃德赛尔不无忧虑地说："爸爸，工人们看你的眼神不太对劲，您注意到了吗？"

经埃德赛尔这么一提醒，福特也突然有所发觉，说："你这么一说，我似乎也觉得有点奇怪，到底是怎么回事？"

"爸爸，您曾和职工们沟通过吗？"

"以前常和他们交谈，但是最近因为职工人数激增，很少再和他们交谈。"

"我倒常和他们交谈呢！"儿子说。

"那很好啊……他们有反应什么吗？或者抱怨什么吗？"埃德赛尔沉默了几秒钟，福特回过头来注视他。"抱怨倒没什么，但由于工作量不断加大，T 型车十分畅销，反而员工们情绪低落了。"

"为什么？"父亲有些惊讶地问，似乎也意识到了什么。

"工人们不是机械呀，即使机械也要时时上油呢，何况是人。他们都是有家庭、老婆、孩子，但他们不得不把大量时间花在工厂里，难免对工厂的劳动制度有所不满。"

"不满？难道工运激进分子已潜入工厂，准备起来闹事了吗？"当时正是工人反对资本家剥削而纷纷起来罢工、游行的高峰期，福特不得不十分警醒。

"不是的。"

"那么，是怎么回事？"

“爸爸，您最好去问问主管人苏伦森。”

福特知道苏伦森是一个非常出色的管理人员，他工作勤奋努力，技术上也是一把好手。但有一点令人担忧的是，他是个工作狂，他一周干6天，白天不休息，晚上还要熬至深夜，星期日、节假日也不例外，他要求工人们也如此，主张一周工作时间应为60小时，他不过问职工们的想法，经常武断的要求职工加班加点，职工们对这种夜以继日的劳动制度早已不满，如今快到了无法忍受的地步。

埃德赛尔看到了山雨欲来风满楼的迹象。福特也意识到问题的严重性了。

第二天星期天，福特突然传下命令：所有管理人员停止休假，召开紧急会议。福特首先对着苏伦森问:“现在工厂的平均工资是多少？”

“一天2美元。”苏伦森不假思索道。

“上一期的利润超过很多，红利达20000%（股东资金的200倍），这个你知道吗？再把工资提高点吧。”

“是的，这些我都知道，可是2美元钱已经比附近的别克汽车公司多出20%了。”

“再提高点！”

“那么……加到2.5美元吧！”这个数字是苏伦森费了好大劲才提出来的。

“还是太少，苏伦森先生。”福特将手抱在胸前，若有所思地说。

然后苏伦森把工资定在3美元上。这时与会者议论纷纷，有的表示赞成，有的表示反对。赞成者主要认为，高薪能买来平安，使工人安心工作，继续不断扩大福特汽车公司规模，着眼点在长远；反对者则考虑到过高的加薪会引起同行们的反感，弄不好会弄巧反拙。

正当众人正在热热烈烈地争论着的时候，一旁沉默着的福特说话了。“好，决定了，苏伦森先生，从明天开始，福特汽车公司的最低薪资上升为 5 美元！”

所有在场人听到福特的话，无不目瞪口呆，面面相觑。“5 美元钱！”许多人都不相信自己的耳朵。

“怎么，你们有什么意见？”

“您是想把今年所得的利润的一半分享给职工？”

“是的，把股东红利的一半拿出来。”福特果断冷静地回答，接着，话锋一转，又说：“好了，这事到此为止吧。下面讨论一下工时改革，我认为每天工时 10 小时劳动强度过大，工人们的意见很大，我注意到了一些企业已开始尝试 8 小时工时制了，职工们普遍欢迎，为什么我们不尝试一下呢？”这个意见得到大多数人的赞同，很快就决定下来了。

亨利·福特的这两个决定在美国历史上写下了高薪缺席这一历史性的一页。在美国近代劳工界掀起了一场革命风暴。

就在福特公司紧急会议的第二天，《纽约时报》登载了这样一段话：“福特汽车公司董事长亨利·福特提出日薪 5 美元的最低薪资，同时提出一天 8 小时工作制度……这是美国工业上的大革命，这个革命风暴势必为欧洲带来很大的影响。”

消息一出，《纽约时报》《华尔街经济日报》等报社以及其他企业界人士纷纷向福特发起了进攻，声称他的改革已经有悖于资本家理论，并指责福特的日薪5美元的做法实际上是一种欺骗性的策略，目的不是保护劳工，而是为了避免罢工，这种行为可耻。更令人遗憾的是，由于风闻福特汽车公司日薪5美元，一万多名来自全美各地的求职者涌向了福特汽车公司门口，因行为粗野而和警察发生摩擦……

更有甚者，个别别有用心的人指使一名工人的妻子写信给福特说："一天的5美元薪金，虽是您的恩赐，但是如此促使我丈夫赌马、酗酒、找女人……是毁灭我们家庭啊！"

各种各样的攻击铺天盖地，纷纷向福特涌来。然而在这样的情况下，福特并没有动摇，依然义无反顾实行他的日薪5美元，每天8小时的工作制度。他相信他的诚意是会被理解的。

除此之外，他还积极改善职工的福利待遇。在他的改革下，工人们对公司充满了感激，更加努力地工作起来。而且在20世纪20年代，当欧洲、美国相继进入经济萧条期，工人的罢工运动风起云涌，席卷而来之时，许多工厂企业纷纷破产倒闭，劳资矛盾不断激化。可福特汽车公司却安然无恙。直到此刻，许多企业主不得不赞叹福特的先见之明，也纷纷效仿，以加薪、缩短工时等行动来缓解劳资双方的矛盾。

福特汽车公司的实例说明，任何企业都必须对企业可能面临的情况进行预测，并科学地制定决策。在做出决策时，不能只顾眼前利益，忽视长远目标，而在实施决策前，必须研究切实可行的有力措施及应变的对策。

所以，一个企业要在复杂的市场环境中获取经营成功，必须提前对企业可能面临的情况进行预测，并采取行之有效的方法，制定决策，尽可能地规避和防止不利于企业发展的情况的产生。这样，企业在做大做强时，便能绕过这些困难，即使无法避免，也能将所有的情况掌控在自己的手中，将企业从危机中拉出来。

没有调查，就没有发言权

没有调查，就没有发言权，企业在规划战略，制定决策时，市场调查至关重要，没有准确的市场调查，企业就容易做出错误的决策，从而导致投资无法收回，新产品没有市场等众多问题。所以，企业必须重视市场调查。

市场调查是企业了解市场和认识市场的一种方法。通过市场调查，可以帮助企业及时发现市场营销机会或存在的问题，找出问题产生的原因、评价市场营销计划的合理性和实施的有效性、了解竞争对手及制定正确的竞争策略、估计目前的市场及预测未来的市场等。市场调查对于企业的营销决策至关重要，没有准确的市场调查，企业就容易做出一些错误的决策，导致投资收不回，新产品没有市场等等。

所以，自古以来，只要是明君，在制定法规政策时，或者成功的商人、企业家在制定战略时，都注重实际的调查研究。

在我国的历史上，清王朝的康熙皇帝就是一位极其注重前期调查研究的君主。在他在位期间，黄河、淮河流域经常地出现洪灾。为了解决这一问题，在制定相关的水利工程时，他总是要亲自外出调查，了解引起灾害的具体情况，并勘察地形，体察民情。

有一次，他前往苏北，视察了溜淮套工程，并接见了负责治河的官员张鹏翮等人。一见到张鹏翮，康熙就问他对开凿溜淮套有什么看法。

谁知道这位张鹏翮对治淮的工程一无所知，只知道歌功颂德，连半点有用的话都讲不出来。康熙听后十分不高兴，严厉地斥责了他后，便对当地的地形进行了实地勘察，制订了切实可行的治理方案。这样一来，不仅仅解决了洪灾所带来的忧患，还使得河水变得更为流畅，民船都能在河面上同行。老百姓对于康熙的这种做法连连叫好，拍手称赞。

这说明，凡是有效的决策都离不开调查研究。企业发展更是如此。当前，市场经济蓬勃发展，买方市场已经到来，企业竞争异常激烈，社会如筛，物竞天择，机遇不会从天而降，决定企业经济效益的关键在于决策是否正确。市场调查和预测已成为现代企业运营中重要的一环，是一项基本的工作。

在市场经济条件下，企业的经营和发展与市场息息相关。市场瞬息万变，如果不了解市场动态和发展趋势，企业的生产和经营就做不到心中有数，就会陷入盲目，就无法制定有效的策略并取得良好的经济效益。

相反，通过市场调查，企业便可以取得市场信息，从而进行市场预测，掌握市场动向和发展趋势，作出正确的判断和最佳决策，减少经营风险，使产、购、销、调、存之间密切衔接，相互协调，努力使经济效益达到最大化。美国肯德基在把连锁店开到某一处之前，必会通过各种方法进行市场调查，以了解当地的需求。

美国肯德基炸鸡打入中国市场的成功，很重要的一条就在于它对中国市场进行了充分的调查。通过调查，广泛收集了信息，在此基础上，进行了科学的决策。起初，肯德基公司派了一位执行董事来北京考察中国市场，他来到北京街头，看到川流不息的车辆、熙熙攘攘的人群，非常兴奋地向总部汇报说：中国的市场潜力很大。

当总部向他询问具体的数据资料时，他却张口结舌，说不上来了，结果被总公司以不称职而降职了。紧接着公司又派出一位执行董事来考察。这位董事没有走马观花，而是实实在在地做了几件事情，精心地进行调查和实测。

首先，这位董事在北京的几个街道上，用秒表测出人流量，大致估算出每日每条不同街道上的客流量。他还利用暑期，临时招聘了一些经济类的大学生做兼职，派出这些临时职员，在北京设置品尝点，请不同年龄、不同职业的人免费品尝肯德基炸鸡，尤其是在北海公园这座皇家园林，利用风景秀丽，游人众多的特点，广泛征求各种意见。他们详细询问品尝者对炸鸡味道、价格、店堂设计方面的意见。

不仅如此，这位董事还对北京鸡源、油、盐、茶及北京鸡饲料行业进行了调查，并将样品数据带回美国，逐一做化学分析，最后经电脑汇总得出“肯德基”打入北京市场会有巨大的竞争力的结论。

1987年，美国肯德基炸鸡公司在北京前门正式开业，他们靠着鲜嫩香酥的炸鸡，一尘不染的餐具，整洁的美国乡村风格的店容，加上悦耳动听的钢琴曲，赢得了来往客人的声声赞许。

肯德基炸鸡店开张不到300天，盈利就高达250万元，原计划5年才能收回的投资，不到两年就收回了。这一切在很大程度上靠的是肯德基在最初设置品尝点、征询众人意见等方式所做的深入细致的市场调查。

肯德基的成功说明准确全面的市场调查是任何一家企业想要成功所不得不重视的。企业的经营决策正确与否，关系到企业的兴衰存亡。而认识到市场调查的重要性，认识到科学的市场调查是企业决策的好帮手，真正重视市场调查，则是企业制定正确经营决策的前提。

而调查市场，则可以通过以下几种方法来实现：

1、从宣传媒介上获取信息。

这包括读报、读书、看电视、参加研讨会等。尽管你只能做有限的市场调查，但是你却可以从别人的调查中获益。当然，你先要了解哪儿有这样的市场调查。这样你就可以吸收别人忽视的信息，调整经营的策略，使之与市场需求吻合，而不是主观臆断。

2、从产品的销售中得到启示。

通过信息反馈，不难找到产品需要改进的地方。这样，你就能使产品更上一层楼。当有人仿效你的产品，并把仿制品推销到市场时，你的产品销量会受到影响。相反地，你如果想打入仍有需求的市场，那么就应了解竞争对手的市场。这些了解包括：竞争对手供应的速度，供应的数量，产品的质量等等。心中有数才能有的放矢。一旦培养出长期的忠实客户，你就必须依靠质量和服务留住这些客户。

毫无疑问，竞争的双方总是千方百计以压制对手来赢得市场，牟取利益。产品成功就会有人模仿，但是你不必担心被模仿。他模仿你，你也可以模仿他；他改进产品，你也可以改进产品。每个人都有机会，只是看谁的决策更符合市场的需求！

一个完整的企业信息系统应该能够提供准确的市场需求变化，它是企业做出成功决策的重要依据。任何企业要在日益激烈的市场竞争中求得生存和发展，都必须努力获取并科学利用全面准确的各类市场变化信息，尤其是关系企业决策成败的竞争信息。在市场环境因素瞬息万变的情况下，各竞争对手不断变换竞争策略，谁能及时掌握并运用好市场信息，谁就能抢先行动，处于有利地位，成为市场竞争的强者。因此，建立一个健全的信息系统成了在市场竞争中及时应变，取得胜利的关键因素。

神谷正太郎1917年毕业于名古屋商业学校，毕业后，先在美英等国从事汽车销售工作。1935年被日本丰田公司总裁丰田喜一郎看中，把他从美国通用汽车公司“挖”回了日本。回到日本，神谷正太郎就任丰田公司销售部主任，并把对市场信息的分析和预测作为自己工作的核心。

一开始，他成立了“市场调查室”，专门从事信息收集工作。随后不久，他就感觉这个室的力量不够，于是调集包括统计、运算、设备分析和设计专家在内的60多位专家从事信息收集、整理和分析工作，成立了所谓的“计划调查部”。这些人日常工作的内容就是将遍布世界各地的调查员收集来的信息，整理出头绪，进行筛选和分析以后，得出初步意见，供总经理作为决策依据。

神谷直接领导下的“计划调查部”每年要进行两次全面的市场调查，除此之外，还进行专项调查和抽样调查，每年多达5～6次，被调查人数超过6万人，调查费每年得花6—7亿日元。人们在调查部里常常发现，所有成员都忙碌不堪。正是由于重视调查、收集信息，神谷才提出了让丰田上下和世界各国难以忘记的神谷销售理论，这就是“用户第一”“销售第二”“制造第三”。

这些理论一改人们传统的以生产定销售的做法，使得丰田汽车在激烈的竞争中，历经沧海桑田巨变，而仍作为世界汽车巨人巍然屹立。1957年，丰田公司将自己所生产的最好的皇冠轿车远涉重洋运上美国的口岸，可是一开始并未受到美国消费者的欢迎。神谷迅速发动他的力量进行调查。

综合汇报上来的成千上万份数据和各种各样的意见，最终得出结论：追求省油实用是美国汽车消费者的未来趋向，而丰田汽车最让美国人难以接受的缺点是车体过重，功率不足，发动机过热。丰田公司根据神谷的调查立即做出决策，马上对皇冠轿车进行专项设计，专门调整。10 年之后，即 1968 年，丰田小轿车像潮水一样涌入美国，年销售量达 27 万辆。

所以，市场调查是任何一个公司获取成功、做大做强所必不可少的条件。公司要想制定出正确的决策，就必须对市场进行调查，只有这样，公司才有发言权，才能对市场做出正确的预测和评估，从而制定出可行性更高的目标计划。

经验不能作为决策的唯一依据

在制定决策时，企业决策者必须打破经验主义的束缚，根据现实创新和应变，这样才能在惊涛骇浪的市场竞争中逐渐壮大自己。

经验决策基于决策者的智慧和以往的经验，是以个人经验为基础的决策。不管一个人或企业取得过怎样的业绩，随着时间的推移或局势的变化，经验决策难免有某些局限性。所以，不到万不得已之时，企业决策者绝对不能以经验作为决策的依据，因为经验决策成功的例子虽然也有，如范蠡弃官经商便是成功的范例，但经验决策导致失败的例子更是举不胜举。

三国时候的马谡就是典型的经验主义和教条主义者，他熟读兵书，是诸葛亮的参将，他的很多建议都被诸葛亮采纳，受到诸葛亮的赏识。诸葛亮出兵祁山，司马懿来夺咽喉要道——街亭，马谡自告奋勇领兵去把守。诸葛亮不放心，马谡一拍胸脯：丢了阵地我提头来见。

诸葛亮给了他2.5万名精兵，外加一员上将王平。到街亭，见有一个山头，马谡乐了：哇，好一座山，好标准的有利地形！于是他决定屯兵山上。

王平认为万万不可，应当占住路口，砍树建寨，敌人有10万也挡住了；如果屯兵山上，敌人四周一围，把我军全套住，你怎么办？马谡一听大笑说，你真是女人见识。兵法云：居高临下，势如破竹，我保证杀他个片甲不留。

王平不服，说敌人只要把水源一断，置我于死地，我军会不战自乱。

马谡把脸一沉，你别胡说，孙子云：置之死地而后生。没水喝才好，大家就会死里求生，以一当百，大破敌军。马谡不听劝阻，领大军上山驻守，只给王平五千人马在山下驻扎。

结果，司马懿大军来到后，果真把马谡围在山上，断了他的水道。士兵吃不上饭，喝不上水，不战自乱。王平领军拼杀救援马谡，终因兵力太少，寡不敌众。最后马谡只带了几个残兵突围，街亭失守。

马谡失街亭，在于迷信书本。兵书所言，固然是成功经验之总结，但绝不能死背教条，得灵活运用。如果死背教条，那么经验决策便是一种最低级的决策，难免有某些局限性。古今中外的企业家为决策者提供了许多成功的经验，这些经验只能供决策者借鉴，如果照搬，难免会出现问题。

沃德公司，这是全美第一家全部通过邮寄来销售各种商品的商店。公司面向农村的消费者，业务发展很快，到 1929 年底，新开设了 500 家商店，而此时美国最大的零售连锁商店西尔斯公司也不过才 324 家商店。

1929 年至 1932 年，第一次世界大战后美国发生了严重的经济危机，一切变得不景气。沃德公司也受到了巨大的冲击，顾客稀少，业务难以维持，陷入了奄奄一息的境地，到 1931 年，公司亏损了 870 万美元。1932 年，休厄尔·埃弗里担任董事长，他改变策略，声称："我们不再依靠那些乡下佬和土包子，我们不再只卖工装裤和防粪鞋。"他在沃德商店增加高档品，进入时髦商品市场，关闭了 70 家亏损商店。

埃弗里成功了。12 年后，他扭亏为盈，盈利 2043．8 万美元。正在沃德公司事业蒸蒸日上时，第二次世界大战发生了。然而这一次，埃弗里的"聪明脑袋"却犯了经验主义错误，第一次世界大战后发生过萧条，所以他认为第二次世界大战也会发生萧条，并预言，"经济形势的恶化将是我们始料不及的"，因此，"二战后"，埃弗里采取了袖手旁观的态度，做出了停止发展的决策。

但这一次，埃弗里失算了，他预言的“二战”后的大萧条并没有发生。相反，由于战争后人口的增长主要集中在大城市，居民购买日常生活用品数量急剧增加，造成了零售商店的明显短缺。面对这一购买方式发生的重大变化，沃德公司的竞争对手西尔斯公司敏锐地抓住了这一扩大自己实力的大好机会，不断扩张。“二战”后的市场环境按理给沃德公司提供了很好的发展机遇，但埃弗里只考虑眼前的利益，惧怕风险。这期间，他不仅没有开设一家商店，反而关闭了多家商店。西尔斯公司不断扩张，沃德公司拱手将市场让给了自己的竞争对手。

不进则退，沃德公司奉行“捏紧每一个便士”的经营哲学，公司最后到了面临倒闭的绝境。

从案例中看出，沃德公司由盛转衰的主要原因，就是公司的决策者犯了经验主义和教条主义的错误；决策失误后，又未及时采取补救措施。

经验决策具有重复性、表面性和局限性的特点，从理论上来说，它是一种最低级的决策形式。如果决策者墨守成规，过分迷信自己或别人的成功经验，不根据客观现实创新和应变，势必在竞争的惊涛骇浪中被打垮。

所以，作为现代企业，在瞬息万变的市场中，必须时时刻刻保持客观，不以主观意念作为决策制定的依据。否则，企业便很难做大做强。

08 善用集体智慧

一个篱笆三个桩，一个好汉三个帮，作为领导者，如果不能充分发挥群众的智慧，借助集体的力量，只凭个人“单干”，只能称为是一个不称职的领导者。所以，领导者决策时一定要集思广益，善于采纳众人的智慧，对幕僚和下属提出的正面的、反面的、高明的、平常的建议和策略，都应该认真听取，等了解了各种各样的方法和意见后，便能制定出有效的方案。

群策群力，众人拾柴火焰高

群策群力是现代企业决策制定时应该遵循的原则之一。企业是一个团队，一个整体，管理者在制定决策时，应发挥集体的力量，因为，众人拾柴火焰高。这样，企业才能将每一个成员的力量发挥到最大。

秦末汉初，楚汉相争，结果楚败汉胜。楚霸王项羽，在垓下大败，自刎乌江。临死前，他对仅剩下的28名骑兵说："吾起兵至今八岁，身七十余战，所当者破，所击者服，未尝败北，遂霸有天下。然今卒困于此。此天之亡我，非战之罪也！"接着又说："今日固决死，愿为诸君快战……令诸君知天亡我，非战之罪也。"项羽当即向包围得密密层层的汉军奋勇冲去，斩兵杀将，猛不可当，果然把汉军吓得纷纷倒退。最后，在乌江边上，乌江亭长预备好了船只，请项羽渡江，逃回江东。项羽不肯，笑道："天之亡我，我何渡为？"于是自刎而死。

汉代的学者扬雄在《法言·重黎》中评论刘、项兴亡时说：楚、汉相争。所以汉胜楚亡，是因为"汉屈群策，群策屈群力"。扬雄的这句话是说：汉王刘邦尽量发挥、利用了众人的智谋和力量；而项羽却只凭一人的"匹夫之勇"，没有充分调动部下的积极性和采纳他们的建议。这才是项羽失败的主要原因，而不是什么“天之亡我”。

如今，扬雄的这番话，即“群策群力”已经不仅仅局限于军事战争，它更是企业领导者时刻不可忽视的重要韬略、领导原则和工作方法。

正确的决策来自于众人的智慧，作为领导，决策时一定要集思广益，幕僚和下属提出的正面的、反面的、高明的、平常的建议和策略，都应该认真听取，等知道了各种各样的方法后，自己心中才会有更大的把握。

《战国策·楚策》中记载，楚襄王做太子时当过齐国的人质，他回国的条件是献地五百里给齐国。楚襄王回国当上了楚王后，齐国便派人率领车马到楚国索要五百里土地。虽然自己亲口答应，但这明显是乘人之危的勒索，襄王不想给，就问计于慎子：“齐国要割去我们的土地五百里，怎么办？”

慎子说：“大王明天召见群臣，让大家来想办法吧。”

果然，第二天早朝几位大臣都提出了主张。子良说：“不能不给。大王金口玉言，答应的又是强大的齐国，要是不给，别人就说大王不守信用，以后大王就在诸侯中不好说话。请先给他们，再夺回来。给他们是守信用，夺回来可显示我们的武力。所以我主张给。”

昭常说：“不能给。君主总不能嫌土地广大，何况五百里实际上占去楚国一半。这样，君主虽名为大王，若失去了五百里国土，实际上成了小地方官了，坚决不能给，昭常愿带兵去东地把守！”

大臣景鲤则说：“不能给呀！虽说不能给，但仅靠我们国的力量又不能独力守住。大王金口玉言，既然答应了又不兑现，必然在天下人面前背上不义的名声，我们输了理，加上不能独自守住。我建议向秦国求救。”

三个人说得都有道理，襄王不知怎么办，就把三个人的计策告诉慎子，并问：“您说我该采用谁的计策呢？”

慎子想了想说：“全部采用。”

襄王以为慎子在开玩笑，立即恼火地拉下了脸：“你是什么意思？”

慎子说：“大王可派子良率五十乘，向齐国履行献地手续；第二天您即可派昭常大司马，带兵前往东地驻守。第三天您再派景鲤求救于秦。”

襄王说“行”，一切依计而行。

子良到齐国交付手续，齐国人就同子良一同到楚国东地准备接管。昭常立即带兵抵抗，并说：“我驻守主上土地，将生死与共。”

齐国人就问子良是怎么回事，子良回答说：“我是受楚王之命行动，这是昭常不把楚王与齐王放在眼里。你们发兵进攻吧！”

齐王大怒，立即组织军队，准备大举进伐昭常。齐队还没有开出，五十万秦国大军已逼近齐国边境。秦国指责齐王说：“你押楚太子不让回国继位，这是不仁；接着又要夺人五百里土地，这是不义。如果你们把刀兵收起来那就没事了，如果动手，那我们也绝不袖手旁观。”

齐王立即害怕了，就请子良回国，又派人去秦国谈和。这样，楚国不动刀枪，土地五百里得以保全。

慎子集思广益、归纳总结、博采众长的决策功夫值得当今各级领导学习。在处理一些大事、难事时，决策者一定要集合众人的思路和点子，让尽可能多的人献计献策、畅所欲言。俗话说，“众人拾柴火焰高”“三个臭皮匠胜过一个诸葛亮”，作为一名企业决策者，在经营环境错综复杂的当今，应该依靠集体的智慧，不能一个人说了算，而要一群人来共同决策。只有集合众人的力量，决策才会更具有科学性、可行性。

世界著名的壳牌公司在重大决策问题上，都是充分依靠众人的智慧。他们的做法是：公司里由六名执行董事组成董事会，一切重大决策均须一致点头通过，借以防止董事长一人独断专行。这样的组织管理手段使壳牌公司在20世纪80年代避免了大量借外债，盲目随潮流而收购其他大石油公司所带来的风险。

壳牌公司这种组织管理方法，使公司既可以发挥集体的作用，又可以注意发挥执行董事个人的作用。公司的每一位执行董事都来自基层，都至少主持过一个地方部门的业务，所以执行董事的决策意见富有见地，独到深刻。

纵观许多决策者的巨大成功，绝非单纯依靠其本身，他们之所以成功，其秘诀就在于集中了群体智慧。每个人的能力都是有限的，所以，在千变万化的商业环境中，一个成功决策的制定，不但需要决策者个人的智慧，更需要集思广益。

同时，决策者还要善于对不同的决策意见进行比较和融合，取长补短，开阔视野，深化思路，从而使群体智慧发挥最大限度的优势。这是企业制定策略做大做强自己应该遵循的一条基本原则。

让策划带着企业向前跑

企业策划，决定一个企业将用什么来满足市场，或用何种思路使经济运行卓有成效，它是企业决策大方向和大目标的界定。所以，企业必须进行有效策划来帮助企业发展。

企业策划就是保障企业在市场中“向前跑”的方向！

在现代商业竞争中，对一个企业而言，确定它决策的主要因素就是企业的策划。每个企业都有自己企业的策划思想，即一幅关于自身及其具体能力的写照。每个企业都有一些具体的生产、营销、研发项目和管理模式，并期望以此取得报偿。但是，很多时候，“这不是我们这种企业”或者“我们这里不这样办事”，总是出现在一些企业领导者的口中。这说明企业决策决定了领导者如何看待企业，他们愿意采取何种行动方针。

所以说，企业的策划界定了企业决策的大方向和大目标。企业的策划，决定了一个企业将用什么来满足市场，或用何种思路使经济运行卓有成效。因此，企业的策划同时也决定了一个企业所必须取得并维持的领域。即对我们的企业能干什么，不能干什么的准确界定。当然，这种界定是根据企业的综合资源来考量的，如人力、资金、品牌等。换言之，企业策划为企业决策确定方向。

当然，企业的策划也需要具有可操作性。它必须能够引导出具体的决策结论，比如，“我们需要的是产品开发，产品开发有可能既开发畅销的产品设备，又产生对开发产品所需的专有供应品的源源不断的需求。”或者，“我们寻求与我们的营销组织和生产技术相适应的产品和工艺。”“我们并不多么在乎适用于一个项目的是哪些具体的技术领域，而是注重于系统设计和系统管理的能力是否为项目所必不可少。”

企业策划中引出的最重要的可实施的结论是关于企业规模的决策。公司是否应该设法发展成大公司？还是仍然维持相对小的规模（绝对大或绝对小的企业都不存在，企业的大小总是相对于市场和竞争而言的）更为有利？以发展为宗旨的企业与唯有小才能取得最佳绩效的企业，所执行的决策是迥然不同的。如果公司管理者不能正确把握企业的策划，将使企业的发展迷失方向！一个无法以正确的策划界定自身的企业，必定会无章可循，这样的企业可能会为自己设立很多的目标，但实际却没有一个主攻方向。

而企业的策划能力则是上司根据外部经营环境和内部经营实力，进行创意性的构想，是制订方案中确定企业发展方向、目标、战略的能力。

它包含以下四层意思：

第一、发现问题的能力

这种能力与创新能力不一样。创新能力是对尚未出现的问题进行设计、设想，对未来作出敏锐的洞察，对“明天”进行立体思维。而策划能力是对现实生产经营活动中出现的问题，运用各种理论知识和经验，作出判断并提出解决办法的能力。

第二、借力能力

企业中许多关系到发展方向的问题，往往需要综合运用多学科的知识和方法，才能做好策划。对决策者来说，应当敢于面对自己不可能具有多种专业知识的现实，学会借助外力弥补自己的不足，例如：聘请专业咨询公司，或组织、依靠有关专家和学者共同探讨解决问题的途径。这种借力能力，是强化策划能力的手段之一。

第三、优化能力

策划既要切合实际需要，迎合市场的真正需求，有“足够低度”，又要有“足够高度”，保证企业发展的正确方向。这两个“度”的交点，就是策划的“优化点”。决策者从多种可行性方案中进行抉择时，必须有掌握优化点的能力。同时，还要认识到“优化”不是“最佳化”，而是“满意化”。在实际工作中不存在“最佳化”的理想状态，而只有接近于“最佳化”的状态。

第四、调控能力

在策划付诸实施后，主客观条件仍在不断地发展变化。比如，任何工艺技术的创新和市场变化都必然引起生产管理上的相应改变。策划必须在动态环境中调控，才能达到最终的目的。

作为决策者，在明白了策划能力内容后，还必须知道如何有效地发挥策划能力。而要有效地发挥这种能力必须考虑到以下五个问题：

1. 当策划摆在你面前时，你首先要考虑到这项策划所涉及的职权范围和限制因素，然后分辨出该由谁来作决定。

2. 要考虑策划的价值。鉴别一项策划有没有价值的最好办法，就是反思一下，假如这个问题不解决，将会失掉些什么东西，这样很快就可以看出策划的重要性。

3. 要考虑策划的时间性。策划的价值与策划的时间是有关联的，最佳时间的策划，就可以获得最大的价值。如果条件不成熟，就贸然作出决定和选择一项策划，那是冒险；条件成熟而拖延作出决定和选择，优势会转化为劣势，坐失良机。

4. 要考虑策划的根据和后果。策划前，一定要亲自审查所掌握的情况、事实和资料的准确性，从而提高策划的科学性。同时，要考虑到策划带来的后果和反响，对可能出现的问题采用必要措施来补救策划的偏差面，克服可能带来的任何消极的因素。

5. 要考虑各个方案的利弊，作出正确的选择。在进行策划时，要仔细衡量每一种方案的优点和缺点，进行利弊分析，把握亏损和获益的准确数据，运用现代科学方法，从中选择出最优方案。

所以，企业决策者必须培养有效的策划能力，并且最大限度地发挥这种能力，让策划在企业做大做强的过程中，真正发挥其有效的作用。

制定决策找准问题关键

决策制定的目的是为了解决问题，找到问题的关键是制定决策的前提。所以，企业领导者必须培养自己迅速找到关键问题的能力。

在瞬息万变的环境下，怎样才能做出最有效的决策并没有固定不变的规律。但是，最重要的一点，就是要根据实际情况，识别出问题的关键所在，从而选定最简单可行的办法。

问题实质上就是矛盾。问题的关键其实就是矛盾的核心所在，要想使问题能够有效解决，就必须抓住主要矛盾。

正所谓，牵牛要牵牛鼻子。抓住了主要矛盾，即使是复杂的问题，也会迎刃而解。

美国首都华盛顿广场的杰斐逊纪念馆大厦，由于年代久远，建筑物表面斑驳陆离，并且出现了许多裂痕。虽然政府采取了很多措施，花费了大量的财力、物力，但依然无法遏制这种状态的发展。

后来，专家经过调查发现：导致这种状况出现的主要原因，是该大厦墙壁每日都要被冲洗，而冲刷墙壁所使用的清洁剂对建筑物有酸蚀作用。

那么，为什么要每天冲洗大厦的墙壁呢？因为大厦每天都要被大量的鸟粪弄脏。为什么这栋大厦有那么多鸟粪？因为大厦周围聚集了特别多的燕子。

燕子之所以聚集在这里，是因为大厦上有很多它们爱吃的蜘蛛；这里的蜘蛛之所以多，是因为这里有它们爱吃的飞虫；这里的飞虫之所以多，是因为这里有特别适宜它们繁殖的温床——阳光下的尘埃。而照射尘埃的阳光是从窗户透射进来的。

因此，飞虫以超常的速度繁殖着，给蜘蛛提供了大量的美餐，于是燕子飞来了……

找到了问题的症结所在，复杂也就变得简单了。企业制定决策也是如此。任何一项决策的制定，都是为了预防和解决问题，所以，找准问题的关键所在是决策制定的前提。

20 世纪 90 年代初期，大陆航空从得克萨斯州到纽约市的机票价格一度降到 49 美元，1994 年 12 月，大陆航空的股票已跌至 3.25 美元，进入 1995 年初，公司宣布了第 10 个亏损年。十几年来大陆航空所做的每件事都行之无效，因此，一直处于亏损状态，18%的飞行是负利润经营的。

为使亏损现象不再继续，新任总裁戈登采取的措施之一就是停飞这些负利润飞行的航线，并深思熟虑后果断做出飞行的新航线、飞行的频率，以及如何飞行的决定。戈登调查后发现依靠出售最低价格的机票这一下策略并不能使大陆航空的现状发生转变，更无法使大陆航空成为出类拔萃的航空公司。

事实上，一味降价的结果往往适得其反，人们根本不想买大陆航空提供的产品。也就是说，与仅仅削减开支相比，这些低成本的票价更为拙劣之举。大陆航空以保持机票的低价格出售、增加座位的方式洪水猛兽般地冲击市场，每天无数次地奔波往返于城市之间，而这些城市其实并没有这么大的需求量。大陆航空在向人们提供一种他们并不需要的服务。

了解到这些，戈登迅速把飞行航线改为人们想去的地方。过去大陆航空通常每天有 6 班航班往返于格林斯伯勒、北卡罗米纳、格林费尔和南卡罗来纳之间。这些城市并不需要往返数次的班机，然而大陆航空却频繁地飞向那里。戈登于是砍掉了几个班次。

一些人士认为，提高市场份额的做法就是每天多飞几次，为人们提供便利的飞行工具。他们认为，大陆航空只需挑选几条服务水平要求不高的航线，投入大批航班后，便可坐享其成，等待不尽的财源滚滚而来。

然而问题的关键就在于，这些航班的服务水准并不低，这几条航线客流量也不大。而且大陆航空在不大的市场上，已经成了市场份额的大赢家，它拥有了在某些人眼里举足轻重的市场份额。

戈登经调查后发现，在格林斯伯勒至格林费尔之间的航线中，大陆航空占有 90% 的市场份额，然而大陆航空仍然亏损。而大陆航空一旦开拓了飞往纽瓦克的市场，市场份额的占有率就足以支持大陆航空开通飞往克利夫兰和休斯敦的航线。乘客们从这些中心可以很方便地搭乘大陆航空的其他班机飞往他们想去的地方，而且价格合理，航班的班次也具有选择性。戈登决定哪里的机票价格过低，大陆航空便提高这些地方的机票价格。这样使得大陆航空的班机减少了，但赚的钱却增加了，事实证明戈登的这一决策是正确的。

戈登做的另一件相当简单的事情是解决了机舱的座椅太多的问题。戈登的前任已经认识到这一点，并就此事展开过讨论，但公司机构职能瘫痪，谁都无能为力。现在，在新上任的计划部与价格部主管的帮助下，戈登很快想出了极其简单而有效的办法：砍掉A300型飞机。A300型飞机是大陆航空拥有的最大型飞机，使用A300型的飞机在某些航线可以减少亏损，但并非A300的所有航线都能赚到钱。

首先，A300型飞机的租赁费用很高，对大陆航空来说，这是些不经济、不实用的飞机；其次，A300型飞机要求特殊的保养程序，它们与大陆航空现有的其他任何一种机型都不同，操作起来很麻烦，因此，在A300型飞机上大陆航空根本无钱可赚。1995年，大陆航空把A300型飞机从公司的骨干飞机队伍中剔除，机群得到了有效调整，很快适应了大陆航空新的飞行计划。

由此可见，制定决策关键在于找准问题的症结所在。而这一症结通常会涉及局部与全局的关系，这种关系处理的好与坏，对企业经营管理活动将产生直接影响。因此，在企业决策过程中妥善处理局部与全局的关系，也是决策者面临的一项重要任务。

要处理好全局与局部的关系，制定决策首先要从整体出发，充分考虑和维护全局利益。在生产经营活动过程中，会受许多种因素的影响，它涉及内部条件，也涉及外部因素。因此，这就决定了它需要解决的问题是如何使内部活动与外部环境平衡的问题。

其次，要善于分析面临的多种因素。为了在决策过程中抓住主要矛盾，需要对在一定时期面临的各种问题进行分析：如结合在某一时期的管理活动状况，研究确定面临的各种问题；对各种问题进行分类排队，通过比较找出对管理影响最大的最主要的问题；根据主要问题，研究制定对策。这个过程是确定决策问题的一般过程。

由于团队的管理活动是连续不断地进行的，所以，这一过程中会不断出现新问题。但是，原先确定的决策问题会随着时间及其他条件的变化有可能被新问题所取代。而此时，就需要决策者应时而变，找出新问题的关键并有效解决。

09 规避以硬碰硬的竞争

以硬碰硬并不是公司占领市场、打败竞争对手的最佳策略。当竞争环境不利于自己发展时，企业领导者便要适时发挥自己的创新能力，独辟蹊径，寻找思维的空白点，逆向思考，突破思维的局限。如此，企业方能扭转局面，开辟出自己发展的新天地。

找到思维中的盲点

能否找到思维中的盲点有时能够决定一个公司的兴与衰、成与败。

没有一个人的思维网络是密不可透的。这说明每个人的思维中都会有盲点出现。在现代公司的经营与销售中，如果能够找到对手的思维盲点，无异于掌握了打败对手的利器，为做大做强赢得了更大的把握。相反，如果不能发现人们的思维盲点，从而一味地盲从，那么结果只能是自取灭亡，被吉列特 (Gillette) 文具集团收购的派克公司，其兴衰之道正反映了能否发现思维盲点对一个公司的重要性。

从 1880 年起，美国人乔治·派克在学校开始工作。为了贴补他可怜的工资，乔治·派克成为了一名中间商，主要帮约翰·霍兰的钢笔公司销售钢笔给他的学生。同当时的许多钢笔一样，这种钢笔总是有这样或那样的技术问题，包括漏墨水和供墨故障等。在接到许多同学的抱怨后，乔治·派克开始义务为学生修笔。他把每一支笔拆开，修理好后再还给学生。因厌烦了给学生修笔，乔治·派克设计并发明了“更好的钢笔”——派克笔。

随着派克笔的产生，1888 年，美国派克公司诞生了。成立后的派克公司并没有停住创新的步伐，1894 年派克取得了钢笔的墨水输送装置专利，此装置的设计原理，是当笔不是使用面直立摆放的时候，能通过吸水管压力作用把部分墨水输送回笔管储存。由于有创新技术作为后盾，派克公司生产钢笔迅速成长为钢笔市场中的主要品牌，在用户中享有盛誉。

但由于实用、方便、廉价的圆珠笔问世，使派克公司的生产大受打击，身价也一落千丈，并一度濒临破产。该公司欧洲高级主管马科利认为，派克公司在圆珠笔的市场争夺中犯了致命错误，不是以己之长，攻人所短；反而以己之短，攻人所长。他筹集了足够的资金，买下了派克公司，随后立即着手重新塑造派克钢笔的形象，突出其高雅、精美和耐用的特点，使它从一般大众化的实用品成为一种显示高贵社会地位的象征。从这样的战略思想出发，他采取了两项战术措施。

首先，马科利不是增加而是削减了派克钢笔的产量，并将原来的销售价提高 30%。其次增加广告预算，加强宣传以提高派克钢笔作为社会地位象征物品的知名度。

英国女王是英联邦的元首,其所有物品无不显示其地位的高贵。当然供其使用的商品的商标及生产厂家也就打上了高贵的烙印。马科利深知这一点，他煞费心机，再三努力，使派克公司于 1962 年获准成为英国皇室书写用具和墨水的独家供应商，使派克钢笔成为了伊丽莎白二世的御用笔，派克钢笔与英国皇家的供给关系一直保留到今天。

同时，派克公司加强对派克钢笔的创新。1941 年，派克在公司 51 周年时推出 51 系列墨水笔，成为世界上销量最好的墨水笔。它是第一种完全可靠的现代墨水笔，它流畅的外形，细小的笔盖，带罩的笔尖，透明合成树脂制造的笔杆对世界上的墨水笔设计者们产生了深远的影响，被视作迄今为止制作得最完美的笔，甚至被冠以“就像来自另一个星球”。

在派克 51 系统笔前后出品的一些派克经典，如多富得大红笔、派克 75 型笔等，和 51 系列笔一样，均被视为天籁杰作。由于方向对头，措施得力，马科利的战略目标实现了。以实用为标志的派克钢笔没落了，老派克公司也因此不得存在了；新的派克钢笔却成为超凡脱俗、卓然出众的笔中贵族，被人作为是经典工艺和锐意创新充分结合的绝代佳品，成为身份炫耀、装饰的标志。

马科利的成功正凸显出其后继者从众思维的错误：1982 年，派克公司新任总经理詹姆斯·彼特森在对公司改革过程中，犯下一个严重错误，把“钢笔之王”——派克笔带向了衰落。本来经过马科利卓有成效的改造，派克笔已成为身份体面的标志。人们购买派克笔，不仅是为了买一种书写工具，而更主要的是买一种形象、一种高档品，以此表现自己的身份。而彼特森一上任不是把主要精力放在改进派克笔的款式和质量以及巩固发展已有的高档产品市场上，而是热衷于转轨和经营每支售价在 3 美元以下的钢笔，争夺低档钢笔市场。

这样，派克笔作为“钢笔之王”的形象和声誉受到损害，这正中克罗斯公司等竞争者的下怀，他们乘机大举进军高档笔市场。结果没过多久，派克公司不仅没有顺利地打下低档笔市场，反而使高档金笔市场的占有率下降到 17%，销量只及克罗斯公司的 50%，导致百年老店派克公司因业绩不佳被吉列特文具集团收购。

派克公司的兴衰充分说明思维对一个公司的重要性。如果能够发现对手的思维盲点，那么对公司来说，无异于掌握了对手致命的弱点。而这是现代公司想要做大做强自己所走的一条捷径。如果善加利用，思维上的盲点与弱点可以使对手从强者的地位迅速转到普通的竞争对手，从某种程度上来说，这已经是公司胜利的一局。

不善于发现思维盲点，而盲目跟从他人，只会为公司带来噩运。所以，在公司经营与发展过程中，管理者必须具备创新的思维，能够发现竞争对手与普通大众思维中的盲点。

摆脱陈规的束缚

公司做强的束缚因素并非是硬件设施的不完善，反而是软件因素。如果公司只知盲从旧，就难以壮大自己。如此，摆脱陈规旧制的束缚就显得尤为重要。

要想在激烈的竞争中获得胜利就必须时时刻刻根据实际情况做出改变，绝不能以传统的行事规则、经营方针来一概而论。也就是说，公司在做大做强自己时，必须摆脱陈规的束缚，面对不同的情景，主动变起来。只有自己主动变起来，才能掌握主动权。

正所谓变则通。在形形色色的商业活动中，形势的变化相当复杂，要想做到积极应变，除了要顺应时代的发展以外，还要抛弃陈规，变革自己。只有“变”才能改变目前的处境。

面对自己做不了的事情，一是用同样的方法，继续做下去，二是换一种方法，继续做下去，这是两种不同的观念。如今，创新已成为全球企业当前最重要的经营课题。在市场竞争激烈、产品生命周期短、技术突飞猛进的今天，如果依然守着旧的、传统的经营模式和管理制度，那么就只能面临被淘汰的命运。相反，如果能够变革自己存在的不合理制度等，那么即使是陷入危机的公司也能从这种处境中重新站立起来。克莱斯勒公司之所以能够继续生存到现在就是因为其当初及时的变革。

20世纪70年代，正当因经营管理不善，克莱斯勒公司陷于入绝境中。面对这种处境，公司决定将大权交到艾柯卡的手中。

执掌公司帅印后，艾柯卡为了改变公司的这种处境，进行了大量艰苦细致的调查。调查结果显示，导致公司陷于这种境况的原因并不在于技术方面，而是管理过于传统，既不科学也不合理，如纪律松弛、库存积压、人浮于事等等。

针对这种情况，艾柯卡在董事会上郑重其事地说：“我们必须采取坚硬的变革措施，只有变革才能生存，否则，克莱斯勒将就此消失。”

随后他便进行了大规模的改革措施。首先他决定从裁员减薪入手，撤掉那些身居高位而毫无建树的平庸之辈。首当其冲的就是公司 33 个闲置的副总裁，其次，高层部门经理也被撤了 24 个。而员工被裁掉的数目达 29 万多。整个公司的裁员率达 50%。剩下的员工从高级职工到较低的职员，其薪水也被不同程度地减少。与此同时，艾柯卡宣布待公司赢利之后，重新补发削减的工资。

经过一番大刀阔斧的裁员，艾柯卡就为公司节省了约 6 亿美元的工资开支。

除此之外，艾柯卡还大力改善库存管理、压缩库存费用。为此，他大胆引进了日本丰田汽车公司“及时进货、及时使用、快速循环”的经营方式；还采用“关、停、转、卖”几项措施，在 52 个工厂中，关闭、变卖 16 个，合并转产 4 个。在这种情况下，公司的产量、车型和销售量相应减少，企业规模也“消瘦”了 1/3。

而在压缩运输费用方面，他采用了这样的措施，首先，他尽量使工厂和仓库布局相对集中，就近使用，这样不仅可以节省时间，还可以相对减少路程费用。同时，他把火车运输改为了汽车运输，这样，每年库存费用的开支就可以节省 4. 5 亿美元。其次，艾柯卡还倡导设计制造部门大力研究不同种车型使用相同的零部件，将公司生产的零配件从 7 万多种减少到 4000 多种，给进货、库存带来很大的方便。

经过这一系列的措施，克莱斯勒公司的年库存费用由 21 亿美元降至 12 亿美元。克莱斯勒公司也在这些变革之下走出了低谷，扭亏为赢，1982年赢利11.7亿美元，还清了13亿美元的短期债务，1983年赢利19亿美元，1984年赢利24亿美元，取得了巨大的成功。

克莱斯勒公司由低谷走到高峰正说明了传统与变革对一个公司的重要性。美国经营管理专家约翰·沃洛诺夫说："为了使企业迈向成功之途，只维持现状是不够的，必须做大幅度的修正、改革与改良。而最重要的是'创造'。"

的确，日益先进的科学技术正在以无法想象的速度向前发展着，其更新的能力也远远超出了人们的想象。在这种情况下，技术的更新成为公司发展必不可少的环节，但如果仅将更新的层面停留在这一点上，那么对企业的发展无异于是杯水车薪。因为传统而又落后的管理制度会制约着企业的发展，即使是再先进的技术也无法承担起企业运作的重担，就像一匹再优良的马，也不可能拉得动超出其能力几十倍的重担。

所以，在现代企业的管理上，也应该针对市场发展的趋势，在采用新技术的同时，也要不断推出新的经营方式，通过彻底清除商品生产和推销各个环节的问题，实现全面的改革。只有不断变革，才能使企业不断地发展壮大，最终走向成功。相反，即使是再庞大的企业帝国，也有可能轰然倒塌。

福特汽车公司的创始人老福特，出身于农民家庭，而正是这样的身份让他在汽车工业中脱颖而出。因为作为农民的儿子，他最了解当时美国农村的情况：地广人稀，需要农用客货两用车。那时候道路状况不好，农民的文化水平又不太高，所以，他们需要的是操作简单、坚固耐用并耐得住颠簸的汽车。结合这个特点，他生产出了操作简单、结实耐用、价格低廉的“T”型车，迎合了大多数人的需要。

另外，他还发明了“生产流水线”，并创造性地提出了“科学管理”这一管理理论。当时可以用富可敌国来形容福特家族。但是，到20世纪20年代，美国社会进入大众化富裕时代时，老福特秉持着农民的传统认识，认为应该坚持勤俭生活，“新三年，旧三年，缝缝补补又三年。”所以，他依然在拼命似地生产“T”型车，强调提高质量，降低成本。可是美国人已经不需要这种车了，因为道路已经修好，人们开始要求车子速度快、造型美观、具有个性化。

随着时代变化，消费者越来倾向于选择、款式新并且节能的轿车。而福特汽车公司的产品不仅颜色单调，且耗油量大、排废量大，完全不适应日益紧张的石油供应市场和环保要求。

所以，小福特建议老福特推出豪华型轿车，但老福特拒绝了。而此时通用汽车公司和其他几家公司则紧扣市场需求，制定正确的战略规划，生产节能省耗、小型轻便的汽车，在20世纪的石油危机中，跃然居上，使福特汽车公司濒临破产。老福特这才意识到自己的判断错误，转而根据小福特的意见推出豪华型轿车，但是先机已经失去，直到今天，福特汽车也没有夺回它昔日龙头老大的宝座。

在这种情况下，老福特用血的教训总结出："不创新，就灭亡。"

福特汽车公司对现代公司是一个血淋淋的教训，墨守成规只能带给自己失败，如果想要做大做强，使自己成为本行业的龙头老大，就必须勇于改变。

著名的管理顾问詹姆斯·莫尔斯说："可持续竞争的唯一优势来自于超越竞争对手的创新能力。"对一个企业来说，强大的核心竞争力是其生存和发展的保证，而创新又是保持核心竞争力始终处于优势地位的保证，决定企业能否做大做强的关键正在于此。

建立逆向思维模式

摆脱传统的思维模式，最简单的方法便是进行逆向思维，而事实证明，这种思维方式往往能为公司带来更大的发展机遇。

因循守旧的企业经营与销售模式已经无法为企业带来利润，甚至会促使企业走向衰落或灭亡。在商界，已有太多的事实证明了这一点。因此，摆脱传统的思维模式便成为现代公司发展的必要条件之一。要做到这一点，其实并不难，通常情况下，公司管理者惯于进行逆向思维，来寻找利于公司发展的机会。

现代社会中，传统的薄利多销经营方法依然颇受现代许多企业家的青睐，而事实上，这种经营方式并一定完全正确。在商界游走几十个年头的杰克敦在刚开始创业时，便放弃了这种经营方式，而是逆向思考，厚利多销。

20 世纪 30 年代初，欧洲经济大萧条，这时伦敦有一家制造印刷机的工厂倒闭，这一时期，印刷业很不景气，印刷机更是无人问津，那家倒闭的印刷机厂用极低廉的价格拍卖原设备，也无人敢于买。

然而两手空空的杰克敦却在此时贷款把整个破厂买了下来。熟悉杰克敦的人都知道他从未搞过印刷机械业，是个外行，以为他是冲着低价而去的，估计他要上当倒霉了。一些好心人便劝他别干傻事。可是杰克敦却笑了笑，胸有成竹地说“这是一次难得的机遇。”

这一时期因为经济萧条，商品都滞销，为了大力推销商品，各公司、商店都竞相印刷广告、海报宣传商品。杰克敦就是看准了这一点才买下工厂的，新厂的产品是海报印刷机，这种印刷机结构简单成本低，是专门向各公司、商店推销的。每台机器成本不足 300 美元，可杰克敦却将价格提高到 2500 美元一台。

“对于一种有特殊用途的产品来说，定价越高，越容易销。”这是杰克敦的分析。果然，正如他预料一样，一些稍大点的公司都纷纷前来订购，印刷机销路颇好，杰克敦狠狠地发了一笔。当时圆珠笔的使用尚未普及，其性能也有待于改进。杰克敦已看到了这种笔改进性能后再作一些宣传，将会有极大的市场前途，同时他又获得信息，知道已有几家企业正在改进产品，准备占领市场。

杰克敦当机立断招纳专门人才，昼夜不停地研究圆珠笔新产品，仅20天时间，新型的圆珠笔问世了。当时西欧正掀起“原子热”，于是杰克敦便将该笔取名为“原子笔”，立即开动所有的宣传手段大肆宣传“原子时代奇妙之笔”的不凡之处：“可以在水中写字，也可以在高海拔地区写字。”

英国人有追求新奇的特性，几大百货公司都对此深感兴趣，仅伦敦百货公司就一次订购3000支。这些公司进了货后，也都纷纷用杰克敦的宣传口号做广告，市场上竟出现了争购“原子笔”的壮观景象。

生产这种圆珠笔的成本不足1美元，可是杰克敦认为既然“原子笔”是与众不同的神奇之笔，就该有相应的高价格相配，于是他将笔价提高到13美元一支。果然，因其价格较高，消费者视其为珍贵之物，人人都以有一支“原子笔”为时髦和派头，于是订单像雪片似的飞向杰克敦公司。一年时间里，杰克敦便获利300万美元，当初其投入成本仅5万美元。

当各路对手挤进圆珠笔市场时，笔价大跌，可这时杰克敦又抽身转产，去开辟新的产品市场了。

杰克敦的一生可以说是创新而富有传奇的一生。他的绝妙之处直到现在都令众多的公司管理者与经营者赞叹不已。

可以说，杰克敦在商业经营中，始终进行着逆向思维，而这种思维方法为他带来了一次又一次的成功，也使得他的公司在当时一次又一次成为行业之最。所以，现代公司要想跻身于市场之中，并且壮大自己，逆向的思维方式是其必须具备的条件之一。

10 善借者赢

在现代社会中，不懂借力的公司，已很难在社会中生存，更何况公司在做大做强过程中，会有许多无法预料的难题出现，这些难题仅凭个人之力已无法解决，但是如果善于借力，难题往往会迎刃而解。所以，一个公司，要想做大做强，就必须懂得善于运用他人的优势来成就自我。

心甘情愿当“第二”

一个新产品出世后，短期内无人问津，如能甘当“第二”，借助知名品牌这个“第一”，便能迅速打响自己。

许多私营公司初出茅庐，无法在短时间内成为众人皆知的品牌，但有的公司却能在一夜之间打响自己，让公司的名称出现在众人的面前。其最大的差别并不在于产品质量问题，也不在于服务的差异，而是是否懂得借力，并善于借力。

善于借力的公司虽然缺乏充足的经营条件，也没有与知名品牌竞争的优势，但只要能够巧妙地借助知名品牌的力量，来扩大自己的知名度，便能迅速打开市场销路。前几年因三聚氰胺事件而闹得沸沸扬扬的蒙牛公司在刚刚成立时便是通过借助伊利这一品牌而成功地打响了自己。

蒙牛乳业集团在刚成立时，伊利是乳制品行业的龙头老大，而且伊利的产品在消费者当中的口碑甚好，那么蒙牛是凭什么在极短的时间内就迅速占领了市场。

刚刚成立的蒙牛如同初生的婴儿，没有任何竞争力。那时，蒙牛一无厂房及生产设备，二无销售市场，而又面对如此强大的竞争对手，所以在产品推向市场之初，蒙牛在其宣传手段上做了一定的调整。它的产品的外包装上印了一句话：“向伊利学习，做内蒙古乳业的第二品牌”。一则看似简单的广告语巧妙地将自己和对手捆绑在一起，利用对手的品牌提升了自己的知名度，将对手的优势转化为自己的优势。同时因为帮助伊利进行宣传而降低了和对手的竞争强度。

这就是蒙牛借助伊利的品牌提升自己形象，扩大影响力的绝招，而且在以后的竞争中，蒙牛也总是在宣传方法上尽力避免与对手的直接竞争。基于此，蒙牛乳业集团诞生后，硬是在伊利、光明和许多的“地方诸侯”竞争的缝隙中站稳了脚跟，并且以让人难以置信的速度迅速成长为乳制品业的另一个强有力的品牌。

翻看各个公司企业的成功案例，发现著名的化妆品牌——约翰逊化妆品也采用了类似的方法成功打开了自己在化妆品市场的销售渠道。

20 世纪 70 年代，弗雷化妆品是当时最畅销的化妆品之一，而乔治·约翰逊正是当时美国弗雷化妆品公司的一名推销员。长期的经验积累，让乔治·约翰逊看到了黑人化妆品市场旺盛的需求。他认定这一市场里有着良好的发展前景，便网罗几名同伴，辞去弗雷公司的职位，成立了自己的化妆品公司。

要想让自己的产品走向市场就必须和几乎统治着整个美国黑人化妆品市场的弗雷化妆品进行竞争。可是，如果像通常那样采用开发系列产品的办法来同弗雷公司竞争是不可能的，于是乔治·约翰逊与同伴集中精力研制出一种有特色的产品，即特别适合黑人使用的粉质化妆膏。产品生产出来了，可是宣传又成为了令他们头痛的问题。

经过一番思索，乔治·约翰逊决定采取借势经营的策略，经过深思熟虑，他设计出这样一句出人意料的广告语：“当你用弗雷公司的产品化过妆之后，再擦上一点约翰逊的粉质膏，将会收到意想不到的效果。”

起初，约翰逊这一非同凡响的举动遭到同伴的抱怨：“我们自己的广告，为什么要替别人宣传呢？”约翰逊回答说：“打个比方，现在全美国没有几个人知道我约翰逊，假如我有办法同美国总统站在一起的话，马上就会引起人们的注意。同样，现在在黑人化妆品市场上，弗雷公司的名气最大，在广告上与他们相提并论，不正是提高我们自己知名度的捷径吗？”

看到约翰逊的广告，弗雷公司的反应也非常得意，不仅没有采取任何反击措施，而且完全陶醉在被人追捧的快乐之中。消费者在弗雷品牌的号召力下，自然也非常乐意地顺便接受了约翰逊的产品。

就这样，约翰逊粉质化妆膏的市场占有率迅速扩大。在此基础上，约翰逊悄悄地采取第二步行动，接连推出能改善黑人皮肤干燥和头发缺乏亮度的“黑发润丝精”和“卷发喷雾剂”以及同时具有美容和防晒护肤两大功能的系列产品。几年后，约翰逊的化妆品把弗雷公司的部分产品挤出了黑人的化妆台。

从案例中看出，借助知名品牌的力量很快让约翰逊的产品深入到了消费者的内心，迅速树立起了自己的品牌，但这一步仅仅是让他在市场中站稳了脚跟，如果想让企业继续发展壮大，就必须乘势而搏。所以，约翰逊在市场占有率扩大的基础上继续推出了其他几款产品，造出了自己的气势，最终不仅在弗雷公司的碗中分得了一杯羹，还打翻了弗雷公司在黑人化妆品上的饭碗。

虽然借助他人的力量来壮大自己能取得“一夜成名”的效果，但是作为公司的管理者，还必须注意，借助他人之力的同时，也需承担一定的风险。只不过这种风险同成功带来的利益相比，小了很多。

借彼之力，扬己之帆是聪明人的选择。一个刚刚成长起来的公司，其实力与大公司或知名品牌相比，相差悬殊，以自己的微弱力量和实力雄厚的公司比拼，无异于以卵击石，甚至会在消费者心中留下自不量力的形象。但是，转换一下自己的身份，既然硬来无法取胜，不妨采取软策略，将自己摆在第二的位子上，并依附于知名品牌这个“第一”来打响自己。待实力雄厚之日，再趁机另立他国。如此，既不会引起所借之“物”的排斥情绪，也能让消费者满意地接受。

所以，公司要想做大做强，就不能事事强出头，要懂得适时地弯弯腰，低低头，心甘情愿地当“第二”，因为，这是在为自己日后成为“第一”而打基础。

借名人名言宣传自己

对产品长篇大论的介绍远不如名人的一次宣传，这就是名人效应，是公司做大做强必须注意的。

名人的一句话胜过商家的千言万语，所以，现在许多商家不惜花高价请名人作自己品牌的形象代言人。大部分消费者出于模仿和盲从的心里，容易形成“我和 × × 用的同一个品牌”的认同，所以，更倾向于购买名人所使用的产品。此外，一般名人都具有较高的社会地位或资金实力，也代表着某方面的权威，具有较高的口碑。因此很多人相信名人，崇拜名人，效仿名人，认为名人做的事，自己做是无可厚非的。同样是消费，多一层攀龙附凤的光环，自然很多人愿意借这个光。一些公司如能借得这样的名人，就相当于借得了这个名人的所有崇拜者与追随者，其产生的效益无疑是巨大的。

作为现代社会里的一个公司，更不应该放弃这种宣传自己的机会。只要是在不伤害其他人条件下，任何有利于自己的人、言皆可以拿来被自己所借。

2007 年，《环球时报》上刊登过一篇名为《总统的糖豆》的报道，文章内容是贝利咖喱糖果公司第一任董事长的发家史，文章内容大致如下：

从 13 岁起，他就在父亲的小糖果作坊打工。1960 年他正式接管了这间小作坊，而他和糖果作坊命运的改变源于一个偶然的机会。

20 世纪 60 年代初，当时他在一个讲座上认识了商业顾问麦克丹尼尔。麦克丹尼尔对他说：“你做的玉米糖，只有在万圣节前后才有销路。现在已经不是你父亲和祖父的时代了，你要么扩大作坊、开发新糖果，要么就赶紧去找其他工作。”

当时，他上过一年大学，除了做糖果别无所长，他知道自己唯一的选择就是贷款扩建工厂。

可是，当他向旧金山银行贷款时，银行的负责人只看了一眼他的贷款申请，就冷笑着说：“卖掉你的作坊，现在已经不是你父亲和祖父的年代了。老式作坊无法生存。”

听到这些话，贝利咖喱糖果公司董事长没有灰心，反而觉得高兴，因为银行负责人的话至少证明麦克丹尼尔的观点是对的，于是，他要扩建的决心更坚定了，而扩建的第一步就是开发新产品。

他从欧洲聘请了一位糖果师。糖果师为工厂设计了“荷兰薄荷糖”和“贝利咖喱糖豆”。新产品的推销需要很多广告费，但贝利咖喱糖果公司董事长的贷款已经所剩无几，如果想要成功打开新产品的销路，那么他就必须另想办法。

当时是 1966 年，里根正在竞选加州州长，报上有一次提到他多次尝试戒烟，却苦于没有好办法。而当时贝利咖喱糖果公司董事长却有利用咖喱糖豆成功戒烟的经历，这就是每次犯烟瘾时，他就嚼一粒咖喱糖豆。于是，他便请一个朋友去洛杉矶参加里根的竞选招待会时，带一罐贝利咖喱糖豆给里根，并把他戒烟的办法转告给里根总统。

不久里根竞选州长成功，显然他戒烟也成功了，因为贝利咖喱糖果公司董事长收到一封感谢信，里根在信中对他的咖喱糖豆赞不绝口。这封信成了贝利咖喱糖豆最好的广告，几家大商场看到感谢信后纷纷向他订货，公司开始走上正轨。

从那年开始，每隔一段时间他都会给里根寄去一罐糖豆，但每次都好似石沉大海，而他也再没得到里根总统的任何回复。看到这种情景，周围人都笑他一厢情愿，难道还指望州长再写一封感谢信吗？但贝利咖喱糖果公司董事长并不在乎有没有回报，他只想用这种方式来感谢里根为公司带来转机，只要糖豆不被退回来，他就决定一辈子寄下去。

然而 14 年后的一天，意想不到的事情发生了。1980 年，里根竞选总统成功，当时最具影响力的杂志《时代》周刊刊登了对他的独家采访，而且还配了一张近镜头大照片。照片上，总统手里正拿着一罐贝利咖喱糖豆！里根甚至在采访中开玩笑说："你可以通过一个人吃糖豆的方式来判断他的性格。"

这次独家采访登出后，总统喜欢吃糖豆的消息不胫而走，而贝利咖喱糖果公司接待处的电话几乎被打爆了。整整两天的时间，贝利咖喱糖果公司董事长马不停蹄地接受着各家报刊和电视台的采访。一夜之间，所有美国人都想尝尝总统的糖豆，公司的订单翻了几十倍，而贝利咖喱糖果公司也从一个名不见经传的小公司成为了人尽皆知的著名糖果品牌。

贝利咖喱糖豆是世界上销量最大的咖喱糖豆，而这篇文章则是贝利咖喱糖果公司董事长所撰写的关于公司发展的简单经历。从文章中可以看出，该公司巧妙地借助了里根的名望，为自己的产品做宣传，从而打开了产品的畅销之路。

既然要借他人之言，那么最好借名望高之人，否则效果会被打了一定的折扣。试想，如果将文中的里根换成其他有名之人，但其名声却远逊于里根，那么，该公司还会获得如此强大的宣传效果吗？

所以，对于塑造形象的公司来说，巧借名人是一种提高自身形象，扩大自己影响的最好策略和技巧。

公司不仅要巧借名人之力做事，还要巧借名人之力造势，利用外力以及相适应的时机营造有助于达成目标的势能与势力。企业发展就应该借助种种有益于成就己方事业的力量、机会、势能，以尽快向既定目标前进的经营谋略。有经验的企业管理者为了实现公司目标，达到由此及彼的目的，通常都能充分发挥主观能动性，巧妙、有效地利用一切可借之人的力量，造出于己有利的各种先决条件，从而一举成功。

如今，已作为环保交通工具的自行车正在被人们倡导着，天津飞鸽牌自行车一直是大多数人的首选。而这正是同该厂领导人善于借助名人宣传自己有着莫大的关系。

1989 年 2 月，美国总统布什访华，天津“飞鸽”自行车厂抓住这个难得的机会，向有关部门的领导请示，要向布什总统和他的夫人芭芭拉各送一辆最新型号的“飞鸽”牌自行车。当时，负责这一事务的有关领导考虑到布什夫妇当年在北京联络处任职时非常喜欢骑自行车上下班和外出旅游，同意了“飞鸽”自行车厂的请求。

当中国政府领导人将两辆“飞鸽”自行车赠送给布什夫妇时，

他们十分高兴，布什还跨上自行车骑了起来。130 多家报纸报道了这则消息。很快，“飞鸽”牌自行车声名远播。不久，大批外商专程来天津看样订货，一位法国客商一下子订了 30000 辆飞鸽车。总统返美后，在白宫草坪上骑飞鸽车，再次被美国新闻媒介做了报道。一时间国外兴起一股争买“布什”“芭芭拉”型“飞鸽”牌自行车的热潮。

在激烈的商场竞争中，没有一家公司能够不借助外界力量仅仅依靠自身能力就能成大事的。一个企业，不论从事何种行业，只要一跨入市场，就必定需要互相提携、互相促进、互相尊重。单枪匹马，仅靠自己的双手是很难登上成功巅峰的。就像被称作是东亚四小龙之一的香港，不正是其凭借与外国的大公司合营，借用外国公司的销售渠道和销售市场，借别人的知名品牌，借用外国原材料，从事加工制造，从事出口贸易而发出了令世界瞩目的耀眼的光芒吗！

所以，名人名言本身就已经是资本，拥有这份资本，并利用好它，是现代公司宣传自己的强效手段。

借舆论之势达到目的

真正的成功者，善于“四两拨千斤”，以借取天下。当事态的发展不利于自己时，要善于借助舆论的力量，这是私营公司做大做强必须重视的因素。

台湾巨富陈永泰曾经说过：“聪明人都是通过别人的力量，去达成自己的目标。”一个人大部分的成就总是承蒙他人之赐；他人常在无形之中将希望、鼓励、辅助投入我们的生命中，从而激活了精神世界，常使我们的各种能力趋于锐利。也就是说，作为私营公司，我们必须利用既有的资源去实现自己的目标。如果这种资源并不完善时，那么我们就要主动去营造这种利于我们经营的处境。换句话说，私营公司做大做强不仅要懂得借势，还要懂得造势。

在香港富有深远影响的实业巨子曹光彪所打造的企业集团正是利用了媒体打进了华人航空这一领域。

曹光彪不仅首创香港毛纺厂、第一个赴大陆开展补偿贸易. 而且阔步挺进贸易、金融、地产、旅游、高科技等产业，卓然创下业务跨国渡洋、员工逾万、年产值数十亿港元的企业集团。经过半个多世纪的积累，他在阅历、财力、能力方面都高人一筹。而这些丰富的经验，以及雄厚的实力，使得曹光彪将目光放在了香港现代产业的空白——华人航空方面。

香港乃东南亚航空的枢纽，机场的货运居世界首位、客运居世界第七，世界 30 多个国家的航空公司使用香港机场，每周开出的航班举不胜举，尽管如此繁忙仍然不能满足需要，至于发展态势，更是诱人。香港在世界贸易、金融业的中心地位不会动摇。随着世界经济发展的重心东移，途经香港的客商和旅游者势必大幅度增加，港人办航空定有大钱可赚！

在这种情况下，曹光彪灵动的头脑又在高速运转着。商人的敏锐使他迅速作出决定，他马上联合包玉刚等几个大财团筹建了华人航空公司，取名“港龙”。谁知筹备容易开业难，香港航空很早就被英国资本的国泰航空公司独家垄断。港龙出世岂不要从国泰口中夺食吗？于是英资不允，港英当局又加以偏袒，所以，曹光彪与之交涉十分艰难。

港英当局道出的拒绝批准的理由是：香港已经有了经营良好的国泰航空公司。

但港龙并不示弱，并坚决维护自己的开业权利，认为：“市场讲究公平竞争，优胜劣汰是自然法则，不能凭主观认定。”

“支持国泰是当局的航空政策。”没想到港府蛮不讲理，以势压人。

“人人有权维护最高法则，谁都可以对破坏贸易自由者诉诸法律。”港龙警告对方。

就这样，历经半年谈判，港英当局理屈词穷，只得批准港龙航空公司开业。

港龙随即全力以赴各项工作的准备。正当一切就绪、只待开航之际，香港空运牌照局却跳出来设置障碍，他们只向港龙发放拉美、西非等冷僻航线的空运牌照，迫使港龙航空公司开业伊始就陷进亏损的泥潭——少飞少赔，多飞多赔，营运越久赔钱越多，赔不起就关门大吉。

港龙为了能跻身热门航线，只得重新谈判。“根据平等竞争原则，本公司申请飞往美国的空运牌照。”曹光彪说。

“不行，一条航线只准一家经营，香港至美国航线已经有国泰航空公司经营了。”空运牌照局官员冷冷地说。

“为什么一条航线只准一家公司经营？”曹光彪问。

“这是规定，本局只能照章办事。”空运牌照局官员关死大门。

此后港龙公司申请日本、中国大陆等热门航线的空运牌照，皆被空运牌照局官员以“规定”“照章办事”的官话一口回绝，无论如何交涉，总被对方关死谈判大门。

备受钳制的痛苦、屡遭白眼的屈辱、投诉无门的愤懑，使得港龙公司决计用其要义打开谈判之门，在谈判桌上得到自己应得到的东西。于是港龙公司便策划以撰文、写信、发表谈话，强烈呼吁社会、敦促舆论的形式，要求还港人以公正。

一针见血的揭露、沉重有力的鞭笞、震慑心魄的警告，被淋漓尽致地写入一封封信中递交香港行政局、立法局和传播媒介。当舆论的矛头直指港府与牌照局时，牌照局虽心有不甘，却不肯代上司受过，便主动约曹光彪谈判，结果谈一场发一张牌照，很快，港龙公司便拥有了飞东南亚各国、日本、美国、中国内地的牌照，甚至还有尼泊尔等22条热门航线的牌照。

我们知道，在商业活动中，谈判是一项极其重要的商业行为，而如何才能在对方占优的情况下，使对方接受你的条件，也就是如何才能制胜，则是每个公司管理者都在思考的问题。就如港龙公司，当对方拒绝交涉，诡诈奸邪地避而不谈，无论你如何能言善辩、有理有据都不管用时。那么，你就要借助外力，靠外界的压力，促使其重开谈判之门，以达到自己的目的。而媒体无疑是达到这一目的的最好外力。

我们看到，利用媒体来实现自己目标的公司有很多。曾经名噪一时的“皇太子婚庆”事件就被许多公司利用，趁机宣传自己，日本松下集团借助于“皇太子婚庆”普及了自己的电视机；英国的一家旅游公司借助于皇太子婚庆宣传了自己的旅游。此外，中国的长城饭店也借助于美国里根总统访华时的舆论来提升自己的社会形象。

这些公司集团在媒体的无意宣传下，迅速扩大了知名度，使自己在很短的时间内就具备了更加强大的竞争优势，甚至于这一次的借力，可以将它们推向发展的顶峰，小公司成长为大企业，大企业发展为实力强劲的集团等。

所以，如果我们想不断地发展自己，做大做强自己，就必须时刻借助外力，借他人的言与力来成就自己。这是任何一个公司获得成功的首要条件。

11 速度的魅力

机遇可遇不可求，在市场竞争激烈的今天，当机遇出现时，如果能够抓住它们，就会在商业竞争中抢得先机，占领优势，甚至会直接赢得胜利。而要抓住机遇，不仅需要公司领导者具备果断的头脑与反应、决策能力，还需以比机遇出现的速度更快的速度来抓住机遇。

抓住机遇，果断决定

机遇总是稍纵即逝，这就要求公司在做大做强时，必须果断决定，抓住机遇。

一个公司从成立走向强大，常常需要走过艰难的成长历程，跨越许多经营坎坷。在这条坎坷的经营之路上，差不多有 50%的公司英年早逝壮志未酬。而它们的死亡原因并不是其没有足够的资金与良好的设备，而是机遇来临时，他们没有把握机会，果断出击。

在市场中，公司只有拥有并利用机会，才有可能与遇到的竞争力量相抗衡，创造新的市场并有能力占有前景市场份额。百事可乐从崛起到发展壮大的案例正是这点的最好证明。

在商业竞争历史中，没有比可口可乐与百事可乐之间的竞争更激烈更扣人心弦的了。这两家占世界饮料绝对主导地位的美国企业，在全球范围内，掀起了一场旷日持久的世界大战，从中我们可以看到百事可乐能够得以在竞争中生存下来的不二法门。

世界上第一瓶可口可乐 1886 年诞生于美国，这种神奇的饮料以它不可抗拒的魅力征服了全世界数以亿计的消费者，成为“世界饮料之王”，甚至享有“饮料日不落帝国”的赞誉。

但是，就在可口可乐如日中天的时候，竟然出现了一家同样高举“可乐”大旗，敢于向其挑战的企业，它宣称要成为“全世界顾客最喜欢的公司”，并且在与可口可乐的交锋中越战越强，最终形成分庭抗礼之势，这就是百事可乐公司。

第一瓶百事可乐同样诞生于美国，那是在1898年，比可口可乐的问世晚了12年。由于它的味道同配方与可口可乐相近，于是便借可口可乐之势取名为百事可乐。

由于可口可乐早在10多年前就已经开始大力开拓市场，到这时早已声名远扬，控制了绝大部分碳酸饮料市场，在人们心目中形成了定势，一提起可乐，就非可口可乐莫属。也正由于此，百事可乐在第二次世界大战以前一直不见起色，曾两度处于破产边缘。

在1929年开始的大危机和二战期间，百事可乐为了生存，不惜将价格降至5美分 / 镑，是可口可乐价格的一半，以至于差不多每个美国人都知道“5美分可以多买1倍的百事可乐”的口头禅，即使如此百事可乐仍然未能摆脱困境。在饮料行业中，可口可乐和百事可乐所扮演的角色一个是市场领导者，一个是市场追随者。

作为市场追随者，有两种战略可供选择：向市场领导者发起攻击以夺取更多的市场份额；或者是参与竞争，但不让市场份额发生重大改变。显然，经过近半个世纪的实践，百事可乐公司发现，后一种选择连公司的生存都不能保障，是行不通的。于是百事可乐开始采取前一种战略，向可口可乐发出强有力的挑战，这正是二战以后斯蒂尔、肯特·卡拉维等“百事英雄”所做的。

恰恰在这时有一个对百事可乐的发展非常有利的环境。二战后，美国诞生了一大批年轻人，他们没有经过大危机的战争洗礼，自信乐观，与他们的前辈有很大不同，这些小家伙正在成长，逐步会成为美国的主要力量，他们对一切事务的胃口既大且新，这为百事可乐针对“新一代”的营销活动提供了基础。

但是，这一切都是在1960年百事可乐把客观存在的广告业务交给BBDO（巴腾－巴顿－德斯廷和奥斯本）广告公司以后才明白过来的。当时，可口可乐以5∶1的绝对优势压倒了百事可乐。BBDO公司分析了消费者构成消费心理的变化，他们通过分析与对比可口可乐“传统”的形象，设计出了把百事可乐描绘成年轻人的饮料的宣传方案。经过4年的酝酿，“百事可乐新一代”的口号正式面市，并一直沿用了20多年。

10年后，可口可乐试图对百事可乐俘获下一代的广告做出反应时，它对百事可乐的优势已经减至2∶1了。而此时，BBDO又协助百事可乐制定了进一步的战略，向可口可乐发起全面进攻，也就是人们所说的“百事可乐的挑战”。

1975年，百事可乐在达拉斯进行了品尝实验，将百事可乐和可口可乐都去掉商标，分别以字母M和Q做上暗记，结果表明，百事可乐比可口可乐更受欢迎。随后，BBDO公司对此大肆宣扬，在广告中表现的是，可口可乐的忠实主顾选择标有字母M的百事可乐，而标有字母Q的可口可乐却无人问津，广告宣传完全达到了百事可乐和BBDO公司所预期的目的：让消费者重新考虑他们对“老”可乐的忠诚，并把它与“新”可乐相比较。

可口可乐对此束手无策，除了指责这种比较缺乏道德，并且吹毛求疵地认为人们对字母M有天生的偏爱之外，它们毫无办法。结果，百事可乐的销售猛增，与可口可乐的差距缩小为2 ∶ 3。

1983年底，BBDO广告公司又以500万美元的代价，聘请迈克尔·杰克逊拍摄了两部广告片，并组织杰克逊兄弟进行广告旅行。这位红极一时的摇滚乐歌星为百事可乐赢得了年轻一代狂热的心，广告播出才一个月，百事可乐的销量就直线上升。据百事可乐公司自己统计，在广告播出的一年中，大约97%的美国人收看过，每人达12次。

几乎与此同时，百事可乐还了解到可口可乐和包装商之间有利益的纷争，于是他们充分利用了这一点争取过来数家包装商，并且让可口可乐公司遭受了一次非常公开的挫折。1984年5月，负责官方饮料供应的快餐联号伯格·金公司因不满可口可乐转向其竞争对手麦当劳公司，于是交给百事可乐一纸合同，让它为全美2300家伯格·金快餐店提供3000万升饮料，仅此一项每年为百事可乐增加3000万美元的收入。

伯格·金的“倒戈”，令百事可乐获益匪浅。百事可乐只有30多岁的经理约翰·斯卡林坚信：“基于口味和销售两个原因，百事可乐终将战胜可口可乐”。这一预言现在终于变成了现实。在百事可乐发起挑战之后不到3年，美国《商业周刊》就开始怀疑可口可乐是否有足够的防卫技巧和销售手段来抵御百事可乐的猛烈进攻。

1978年6月12日，《商业周刊》的封面赫然印着“百事可乐荣膺冠军”。A·C·尼尔森关于商店里饮料销售情况的每月调查报告表明：百事可乐第一次接近了可口可乐的领先地位。

百事可乐不仅在美国国内市场上向可口可乐发起了最有力的挑战，还在世界各国市场上向可口可乐挑战。

与国内市场完全一样，百事可乐因为可口可乐的先入优势已经没有多少空间，百事可乐在经过对竞争环境与可口可乐的分析后，得出的战略就是进入可口可乐公司尚未进入或进入失败的“真空地带”，当时公司的董事长唐纳德·肯特经过深入考察调研，发现苏联，中国以及亚洲、非洲还有大片空白地区可以有所作为。

于是，1975年，百事可乐公司以帮助苏联销售伏特加酒为条件，取得了在苏联建立生产工厂并垄断其销售的权力，成为美国闯进苏联市场的第一家民间企业。在以色列，可口可乐抢占了先机，先行设立了分厂，但是，此举引起了阿拉伯各国的联合抵制，百事可乐了解到这一情况后，立即放弃了本来得不到好处的以色列，一举取得了中东其他市场，占领了阿拉伯海周围的每一个角落，使百事可乐成了阿拉伯语中的日常词汇。

20世纪70年代末，印度政府宣布，只有可口可乐公布其配方，它才能在印度经销，结果双方无法达成一致，可口可乐撤出了印度，百事可乐的配方没有什么秘密，因此它乘机以建立粮食加工厂，增加农产品出口等作为交换条件，打入了这个重要的市场。

由于饮料行业的激烈竞争，为了规避风险，可口可乐和百事可乐不约而同地选择了多元化经营，但是，多元化为两家公司带来的收益大相径庭，百事可乐在这场特殊的角逐中再次战胜了可口可乐。

自70年代开始，可口可乐公司大举进军与饮料无关的其他行业，在水净化、葡萄酒酿造、养虾、水果生产，影视等他行业，大量投资，并购和新建这些行业的企业，其中包括1982年1月，公司斥资7.5亿美元收购哥伦比亚制片厂的巨额交易。但是，这些投资给公司股东的回报少得可怜，其资本收益率仅为1%。

百事可乐则从可口可乐的多元化战略中吸取了教训，从1977年开始，百事可乐进军快餐业，它先后将肯德基食品公司（KFC）必胜客（Pizza-hut）意大利比萨饼和特柯贝尔（Taco Bell）墨西哥餐厅收归麾下。百事可乐的多元化之路看上去一点也不盲目，所有事情都在有条不紊地顺利发展着，百事可乐的多元化战略不仅为公司赢得了可观的回报，更带动了百事可乐的销售。

百事可乐与可口可乐的竞争过程，让现代的管理者看到了一个公司是如何在竞争对手与市场的夹缝中生存并壮大的。毋庸置疑，百事可乐已经实现了成为全世界顾客最喜欢的公司的梦想。可以想象，如果没有对强力的竞争对手进行深入而持久的分析，掌握竞争对手每一步的战略动作，没有在机会来到时果断决定，那么，百事可乐是不可能在生存环境如此狭小的碳酸饮料行业立足并最终战胜不可一世的可口可乐的。

公司做大做强往往就在于一次机会的把握。一个公司，当面临已经到来的机遇时，如果能够果断决定，抓住机遇，那么成功也就不远矣，如果唯唯诺诺、过于谨慎，那么失去的就不仅仅是一次机会，更有可能是公司的未来。

在危机中挖掘机遇

危机与良机在本质上是相同的，在企业经营活动中，危机的出现预示着良机的到来，只要决策正确，重新评估，趁机出击，那么，危机便是转机。

在公司的经营活动中，每个公司都会面临某个危机时刻，或面临破产边缘，或产品销路不畅，或公司人事变革，或决策出现重大失误等等。当公司陷入这种危机时，就需要管理者力挽狂澜，果断采取措施，英明决策，将公司从危机中拉出来。

危机给决策者提供了一个千载难逢的机会，如果公司能够制定出正确的应对决策，那么危机同时也是转机。

1982年9月29日到10月1日，美国芝加哥地区有七人因吃了泰尔诺胶囊而中毒身亡，原因是泰尔诺胶囊含有过量的氰化物污染物。对于这一重大死亡事件，媒体给予了大量的报道，电视里频频播出泰尔诺胶囊存在的弊端，报纸上也将这一死亡事件放在了头版头条。

在这种情况下，生产泰尔诺产品的企业各个危在旦夕。仅仅3天时间，生产泰尔诺胶囊的美国强生公司销量呈直线下降。公众对美国强生公司已经失去了信心，认为强生公司生产的每种药品都含有可怕的氰化物，由于媒体的大量报道再加上公众的恐慌心理，强生公司一时陷入了困境当中。股票市场价值下降了20%，损失近19亿美元。

有人认为，强生公司会做出郑重声明，将这起事件的全部责任推卸到别人身上，如："我们保证这起事件不是我们的责任。"人们的猜测一部分是正确的，强生公司对这次事件确实做了郑重的声明，但那并非是推卸责任。强生公司立刻收回了全部试验样本，当众销毁了近3100万瓶泰尔诺胶囊。同时还成立了一个"危机七人管理小组"主要负责这起事故的调查工作，强生公司负责人要求"危机七人管理小组"每天在首席执行官办公室内集合两次，汇报当天的工作进展情况。强生公司的首席执行官也在媒体上亮了相，再三强调，强生公司会严肃处理这次事故，决不会推卸责任，强生公司将维护好消费者的利益，这次事故事发突然，待调查结果出来以后，强生公司会给消费者一个合理的解释。

强生公司还表示，在以后的经营管理中，会把产品质量放在第一位，严把质量关，绝对不会再出现类似事件，希望消费者能给予支持。最终，强生公司又花了3亿多美元重新打造"三层密封"胶囊。

强生公司面对危机的态度与处理方式，赢得了公众的信任与谅解，公众对强生公司的反应颇宽容。强生公司非但没有像竞争对手想象的那样陷入灭顶之灾，反而由于有力的危机公关和诚实、坦率、负责的态度，进一步提升了公司在消费者心目中的形象。

在瞬息万变的市场条件下，公司的经营运作总会遇到某些重大的、具有负面影响力的事件甚至危机，例如强生公司面临的这次药品危机。但对于公司的管理者来说，关键是如何将化解危机并将危机变成良机。因为任何一次危机既包含了导致失败的根源，同时又蕴藏着成功的良机。公司管理者如果能将危机处理好，那么危机也就变成了商机，通过负责、有效的危机管理战役，公众将会对公司有更深的了解，更大的认同。在这种情况下，危机便是公司实现战略目标的一次机遇。

所以，作为公司管理者，不能时刻想着如何躲避危机，而应该具备处理危机与在危机中挖掘机遇的能力。如今，对银行业依然有着影响力的美国银行家贾尼尼便是这样的一位领导者，每次在危急关头他总是能轻易地将危机化解为转机。

1928 年夏天，积劳成疾的美国银行家贾尼尼离开了刀光剑影的纽约华尔街，回到风光旖旎的家乡意大利米兰休养。身在意大利米兰，心在美国纽约。贾尼尼始终密切地关注着万里之遥的纽约华尔街的情况。一天，贾尼尼突然被一条新闻惊呆了，这条刊登在头版头条的新闻是这样写的：贾尼尼的控股公司纽约意大利银行的股票暴跌 50%，加州意大利银行的股票亦出现 36%的跌幅。

贾尼尼大吃一惊，心急火燎地赶回加州的旧金山。在圣玛提欧的豪华住宅中，贾尼尼召开了紧急会议。他阴沉着脸火爆爆地大声质问憔悴不堪的儿子玛利欧："股价如此暴跌，一定有人在背后捣鬼，到底是谁？"在一旁的律师吉姆·巴西加尔赶忙替玛利欧回答道："股价暴跌是由摩根的纽约联邦储备银行引起的，他们认为意大利银行涉嫌垄断，逼我们卖掉银行51%的股份。"

原来，意大利银行收购旧金山自由银行之后，金融巨头摩根怀疑贾尼尼野心勃勃要控制全美国的银行业，因此招来了联邦储备银行的干预。面对这种情况，玛利欧主张卖出意大利银行的一部分资产，然后再买回公开上市的股票，从而使意大利银行由上市的公众持股公司变成不上市的内部持股公司脱离华尔街的股票市场。其他的董事也都认为玛利欧所说的是目前唯一可行的办法，只有这样才能挽救意大利银行于倒悬。

但是，他们达到的一致意见却遭到贾尼尼的强烈反对，他认为这一策略不无可取之处，但未免太消极。大家都沉默了，用征询的目光看着贾尼尼，意思是说，你否决了我们的建议，难道你有什么更好的锦囊妙计吗？他们对贾尼尼善于出奇制胜的才能一点也不怀疑。

然而，贾尼尼却说出一番使大家更吃惊的话："再过两年我就进入花甲之年了，而且身体也渐渐支持不住了，我要辞去意大利银行总裁的职务。"此话一出，令在场的人都大为吃惊。大家都痛苦地低下了头。因为他们都明白，贾尼尼是说到做到的人，是绝不会反悔的。玛利欧却迫不及待地劝说："爸爸，我们焦急地盼望您回国，不是想听您说这句话的，您呕心沥血一手建造起来的意大利银行，如今正处于生死攸关的紧急关头，我们需要您带我们一起渡过这个难关！”

贾尼尼放声大笑起来，他挥动着拳头说：“我决不会让意大利银行倒下的！”大家的情绪立即激昂起来，他们心里明白，贾尼尼已经有了非常好的对策。他们都瞪大了眼睛盯着他。贾尼尼接着说：“不但如此，我还要设立一个比意大利银行大好几倍的控股公司！我之所以辞职，就是要以个人的身份去游说总统和财政部长，促使他们制订一条新的法令，使商业银行的全国分行网络合法化。”玛利欧却泄气地说：“等您说服他们颁布新法令，意大利银行早就完了！”

贾尼尼瞪了他一眼，似乎是责备儿子怎么这么没志气：“当然，我去游说一方面是争取合法化，另一方面也是一条缓兵之计。我们不仅不能让意大利银行倒下，而且还要设立比意大利银行还大几倍的全国性的巨型控股公司，发展出一个以原始银行业务为支柱的民办最大的商业银行。”

贾尼尼这种高瞻远瞩的气魄，使大家都佩服得五体投地，对他的金蝉脱壳决策一致表示赞同。于是，玛利欧等人很快就到德拉瓦注册成立了一家新公司——泛美股份有限公司，该公司的最大股东就是意大利银行。但由于它的股票分散在大量的小股东手里，因而外人很难再怀疑它有垄断嫌疑。他们再以这家公司的名义，把别人控制下正在暴跌的意大利银行的股票低价买进，这样一来，便挫败了摩根等人欲置意大利银行于死地的阴谋。意大利银行不仅没有垮下，而且发展越来越壮大。后来它甚至还吞并了美洲银行，并将各分行都全部改名为美国商业银行。

贾尼尼担任美国商业银行这个全美第一大商业银行的总裁，成为改写美国金融历史的巨人之一。

是否具备管理危机的能力，已经成为评判一个公司能否做大做强的标准之一。对公司而言，许多看起来似乎是灭顶之灾的危机，其实往往也是公司走向更大更强的一个转机。而这个机会到底会是危机还是转机，在于公司的态度以及对危机的处理决策。

所以，公司不论规模大小，实力强弱，要想使自己更强大，除需具备相当程度的软硬设备外，还必须拥有的一点就是处理危机以及从危机中挖掘机遇的能力。

兵贵神速，以速度占领市场

这是一个快鱼吃慢鱼的时代，当你以更快的速度占领市场时，你就具备了比别人更大的竞争优势。

21 世纪是一个讲究速度的新时代。创新和资讯冲击所带来的最直接影响，就是让人们逐渐认识到市场竞争其实就是一场速度制胜的游戏，只有抢占先机者才能胜算在握。

而我们面临的事实是：知识革命和互联网的出现在产品和消费者之间架起了一座全新的桥梁，信息层出不穷，而时间却越来越紧迫。这就要求企业必须扬弃传统的品牌理论，寻找新的出路。而这条新的出路就是速度。温州商人之所以能在商界屹立不倒，凭借的正是其快速的反应能力。

在说到温商时曾就有人这样说道：“温州人看到有生意可赚，第二天就弄台机器先干起来，机器可以放在家里或朋友的仓库里，行了，再盖厂房，厂房大了才请管理人员，这要是在其他地方，半年也论证不下来。”

这是发生在上个世纪末的事，那年的秋天，上海街头梧桐叶都变黄了，诱人的糖炒栗子满城飘香。在一个晚上，长住上海大方饭店的温州乐清五金机械厂朱厂长；酒足饭饱后走上了街市。这是他多年来养成的习惯，通过这种方式去了解市场信息。他把这种消闲称为“跑信息”，或者说“捡钞票”。拐出延安东路就是热闹非凡的大世界，一家食品店门口排长队买糖炒栗子的人们引起了他职业性的条件反射。这些年来，他悟出了一条发财真理：“凡是人群密集的地方，一定有财神爷在微笑。”

他开始仔细地观察，片刻后就发现那些买到糖炒栗子的人因急于尝鲜，都急猴似的咬着、剥着吃，而常常又把栗子内核弄得四分五裂，嘴边一副狼狈相。

“能不能搞个剥栗器？”“信息发生器”在他的大脑里启动了。他迅速画出了剥栗器的草图，材料用镀锌铁皮，成本每只 0.15 元，出厂价 0.30 元……10 分钟后，他推开了商店经理室的大门。经理认为：这是一项发明，顾客肯定欢迎，不过，上市要越早越好，两个月够不够？他笑了：两个月？我一个星期后就送上门。经理不相信：这审批、核价什么的，没两个月怎么行呢？

当晚，传真将剥栗器草图传回了他在温州家乡的工厂，仅仅两个小时一副模具就生产就出来了，机器开始投入生产。3天后，这些新生产出厂的剥栗器就运送到了大上海，大大小小商店门口的糖炒栗子摊主成了他的经销商。

兵贵神速，这位有心的朱厂长正是以最快的速度制作出了剥栗器，从而打开了一条发财之路。所以，公司要想快速地占领市场就必须建立一个快速反应模式，随时准备把握机会。

在中国家电产业的发展进程中，以市场和技术求生存的观念一直主导着中国的家电企业。许多企业最初实行的是以市场换技术的策略，随着家电企业的发展壮大，这一策略也做了相应调整。现在来看，许多企业的技术还没有换到手，市场却开始守不住了。对中国的家电企业来说，已经习惯了用要素作为单纯的资源工具来参与竞争，然而，当要素优势丢掉的时候，也就是竞争结束的时候。

几年前，海尔开始进行企业作业流程的重组，这场变革的结果到底如何一直没有定论，但其结果应该让我们重新审视这种变革对家电企业参与国际竞争所具有的意义。

与跨国公司比较，国内的家电企业在一些产品的技术上还存在很大的差距，在管理上的差距也是有目共睹的。以前，本土企业拥有生产要素成本优势，也就是所谓的低价格优势，但是随着中国市场的开放，跨国公司也拥有了同样的要素优势。那么下一步应该如何走呢？毋庸置疑地，那一定就是速度的竞争。

所谓的速度就是发现需求到满足需求的速度，它是一个时间概念，也是一个经济概念。从发现需求到满足需求的速度越快越好，但是，这一过程当中的成本也是影响运行的关键因素。

完美的速度竞争就是要以最快的速度，最经济的速度满足需求，它的背后是整个组织系统的反应能力的集合。整个需求满足过程的缩短，减少了资金在各个环节沉淀的时间，这样的速度才是经济的速度，才是有竞争力的速度。

现实中，一些家电企业拼命地扩大规模，以规模显示实力，其实，规模经济是典型的供应商时代的思路。例如，彩电行业几个囤积显像管的案例就是明显的例子，大规模的制造如果没有订单，也就是没有目标的制造，只会制造灾难，因为制造出来的产品销售不了，只有倾销，一倾销就破坏行业的发展。许多企业至今还没有从这样的阴影中走出来。

海尔清晰地意识到，以前，只要是企业为消费者生产了产品，他们就会买，现在，随着市场的变化和消费心理的成熟，企业必须生产消费者喜欢的产品，他们才肯掏钱。这就要求调整我们的制造与销售模式，先找订单后生产。问题是，我们到哪里找订单，以怎样最快的速度找到订单，以怎样最快的速度满足这样的订单？这就需要我们的企业调整自己的作业模式，也就是说要找到最好的“软件”安装到自己的企业里来。眼下，完全靠硬件是打不过别人的，“软件”的作用变得更为重要了，那种完全依赖要素成本来竞争的模式已经不起作用了。这个时候海尔与跨国企业比什么，比的就是速度。

此时，海尔已经认识到以什么样的方式来组合要素成为竞争的关键，在要素成本同质化的时候，组合要素的方式将成为决定成本的关键，也就是“操作软件”成为制胜的关键所在。

流程的再造实际上是管理技术的更新带来的组织变革，它直接提高了组织的竞争力。目前，许多大公司都在忙着进行速度变革。索尼、松下都在重新调整自己的组织结构，这种结构的调整与海尔的速度之变是相同的，相信它们的这种速度在不久的将来也会显现出来，以海尔为首的家电企业在面对速度的时候丝毫不能怠慢。

如今，在快速变化的市场环境下，企业的执行力已成为企业的核心竞争力，而执行力的关键不在于你做什么，而是你如何以最快的速度做好！

当然，我们所追求的速度绝不是为了完成目标而不计后果，不是为了抢速度而降低我们的质量标准。迅捷源自能力，简洁来自渊博。管理者的快速执行首先要建立在强大的思维能力基础之上。有人曾形容说，美国人第一天宣布某项新发明，第二天投入生产，第三天日本人就把该项发明的产品投入了市场。加拿大将枫叶定为国旗的决议在议会通过的第三天，日本厂商赶制的枫叶小国旗及带有枫叶标志的玩具就出现在加拿大市场，行销火爆。作为“近水楼台”的加拿大厂商则坐失良机。市场竞争中这种“不快即死”的现象被人们称为“快鱼法则”。日本厂商正是这种法则下的快鱼，逐渐蚕食掉了速度已落后的慢鱼。

所以，现代社会一切竞争都围绕着速度，与速度密切相关。谁抓住了速度，谁就走在了时代的前头，抓住了未来。因此思科CEO钱伯斯认为：新经济时代，不是大鱼吃小鱼，而是快的吃慢的。

以硅谷为例：硅谷的每家新公司自诞生之日起，面临的都是白热化的竞争环境，你的公司知道的商业模式别人都知道，你的公司操作的管理方法别人也都知道，你必须靠一种新技术来增强竞争力，而留给你发展的时间尺度都非常短，你必须非常快地使公司长大，稍一疏忽、怠慢，你就会被对手排挤掉。

日本著名企业家盛田昭夫说：“我们慢，不是因为我们不快，而是因为对手更快。如果你每天落后别人半步，一年后就是一百八十三步，十年后即十万八千里。”所以，在这个节奏快得让人吐血的时代里，快就是机会，快就是效率！速度就是一切。